例外状態

ジョルジョ・アガンベン 著
上村忠男・中村勝己 訳

未來社

目次

例外状態

装幀——戸田ツトム

なぜあなたがた法学者はあなたがたの職務について黙して語らないのですか？

第1章　統治のパラダイムとしての例外状態

1－1　例外状態と主権とのあいだの本質的な隣接関係は、カール・シュミットによって『政治神学』（一九二二年）において確定された。しかし、「例外状態に関して決定をくだす者」としての主権者という彼の有名な定義がさまざまに言及され論議を呼んできたにもかかわらず、公法学における例外状態の理論は今日においてもなお欠如している。法学者たちも公法学者たちも、この問題を純粋に法理論的な問題というよりはむしろひとつの事実問題とみなしているようである。論者のなかには、「必要は法律をもたない」（necessitas legem non habet）という古代の格言に依拠して、例外の基礎をなしている必要状態は法的形態をとることができないのであり、例外状態という用語の定義そのものが、それが政治と法とのあいだの境界に位置していることによって困難にされている、と主張する者がいる。しかし、例外状態を理論として論じることの正当性は、これらの論者たちによって否定されてきただけではない。実際、普及している理論によれば、例外状態は「公法と政治的事実とのあいだの不均衡点」をなしており(Saint-Bonnet, 2001, p. 28)、そうした不均衡点は——内戦や蜂起やレジスタンス活動のように——「法的なものと政治的なものとが交叉する両義的で不確かな縁に」位置しているという(Fontana, 1999, p. 16)。それだけにいっそう喫緊となるのが境界線の問題である。もしさまざまな例外的手続きが政治的危機の時期の帰結であり、そういうものとして政治的領域において把握されるものであって、憲法の領域においては把握されないとするならば(De Martino, 1973, p. 320)、そうした例外的手続きは、法の地平では把握されることのできない法的手続きという逆説的な状況のうちにあることになるし、例外状態は、法律的形態をとることのできないものが法律的形態をとって現れたものであるということになる。他方で、もし例外というのが、法が生に関連させられ自らの一時停止をつうじて生を自らのうちに包摂するさいの独自の装置であるとするならば、例外状態についての理論は、生きているものを法に結びつけると同時に見捨ててしまうような関係を定義するための前提条件となる。

公法と政治的事実とのあいだ、また法秩序と生とのあいだにある、この無主の地こそ、今回の探究が調べようとする対象である。この不確かな地帯を覆っているヴェールが取り去られるならば、そのとき初めて、政治的なものと法的なものとのあいだの、そして法と生けるものとのあいだの差異——あるいは差異と推定されているもの——にあって賭けられているものをつかむことへとわたしたちは近づいていくことができるだろう。そして、おそらくはそのとき初めて、西洋政治史において鳴りつづけることをやめないでいる問い、すなわち政治的に行為するとは何を意味するのかという問いに答えることが可能となるだろう。

1-2　例外状態の定義を困難にしている諸要素のうちには、たしかに、例外状態が内戦や蜂起やレジスタンス活動とのあいだで緊密な関係をもちつづけているということがある。内戦は正常な状態の反対であるから、それは国内でのもっとも極限的な紛争に対する国家権力の直接的な回答である例外状態にとって決定不能性の地帯に位置していることになる。かくして、二〇世紀には、「合法的内戦」と定義されることが有効であるような、ある逆説的な現象が観察されえたのだった(Schnur, 1983)。ナチス国家の場合を考えてみるとよい。ヒトラーが権力を掌握するやいなや(あるいは、おそらくより正確な言い方をすべきだとすれば、権力が彼に託されるやいなや)、彼は一九三三年二月二八日、ヴァイマル憲法のうちさまざまな個人的自由に関する条項を一時停止する「民族と国家を保護するための緊急令」を公布した。この政令が撤回されることは結局なかった以上、法学的な観点からすれば、第三帝国は全体として一二年間にわたって継続した例外状態とみなすことができるのである。この意味で、現代の全体主義は、例外状態をつうじて、政治的反対派のみならず、なんらかの理由によって政治システムに統合不可能であることが明らかとなったさまざまなカテゴリーの市民全体の物理的除去をも可能にするような、合法的内戦を確立しようとしたものと定義することができる。それ以来、恒常的な緊急状態の自発的な創出が（たとえ法技術的な意味では宣言されることがなかった場合でも）、いわゆる民主主義国家をも含む現代国家の本質的な実践のひとつとなったのだった。

例外状態は、「世界的内戦」と定義されてきたものの押しとどめることのできない進行を前にして、ますます現代政治において支配的な統治のパラダイムとして立ち現れつつある。一時的で例外的な措置がこのようにして統治の技術に転位したことは、憲法体制の諸形態についての伝統的な区別の構造と意味を根本から変容させかねない。そしてすでに事実上、それと察知できるぐらいに変容させてきている。それどころか、例外状態は、こうした展望のもとで、民主主義と絶対主義とのあいだに設けられた決定不能性の閾として立ち現れるのである。

ℵ 「世界的内戦」という表現は、くしくも同じ年（一九六一年）に刊行されたハナ・アーレントの著作『革命について』とカール・シュミットの著作『パルチザンの理論』に見られる。これに対して、「現実的例外状態〔戒厳状態〕」（état de siège effectif）と「擬制的例外状態〔戒厳状態〕」（état de siège fictif）とのあいだの区別は、のちに見るように、フランスの公法学にまでさかのぼるものであり、すでにテオドール・ライナッハの著書『戒厳状態について――歴史学的法学的研究』(Reinach, 1885) において明確なかたちで言明されていた。この本は、現実的例外状態と擬制的例外状態とのシュミット的およびベンヤミン的な対置の起源に位置している。この「擬制的例外状態」については、アングロサクソン系の法理論は「想像された緊急事態」(fancied emergency) という言い方をするほうを好んでいる。一方、ナチスの法学者たちの側では、ためらうことなく、「国民社会主義国家の創建のために」「望まれた例外状態」(gewollte Ausnahmezustand) という言い方をしていた (Werner Spohr, in: Drobische et Wieland, 1993, p. 28)。

1‐3 法が自らの停止をつうじて生けるものを自らのうちに包摂するさいの原初的構造としての例外状態の直接的に生政治的な意味は、二〇〇一年一一月一三日にアメリカ合州国大統領によって公布された「軍事命令」(military order) のなかに明確なかたちで出現している。この布告は、テロ活動の疑いをもたれた非‐米国民の「無制限の拘留」と「軍事委員会」(military commissions) ――これは戦時法によって規定されている軍事裁判所と混同してはならない――による裁判を裁可したものであった。

すでに、二〇〇一年一〇月二六日に米国上院で可決された「アメリカ合州国愛国者法」(USA

Patriot Act）は、司法長官に「合州国の国家的安全」を危機に陥れる活動をすると疑われるような外国人（alien）を「監視下におく」ことを許可している。しかしながら、そこでは、七日以内にその外国人は移民法違反かその他の犯罪によって国外追放ないしは告訴されなければならない、とされていた。ブッシュ大統領の「軍事命令」の新しさは、一個人についてのいかなる法的規定をも根こそぎ無効化し、そうすることで法的に名指すことも分類することも不可能な存在を生み出した点にある。アフガニスタンで捕えられたタリバーンの兵士たちは、ジュネーヴ条約にもとづく「捕虜」（POW）についての規定を享受できないだけではなく、アメリカの法律にもとづいたいかなる犯罪容疑者としての取り扱いも受けることがない。囚人でもなければ被告人でもなく、たんなる拘留者（detainees）であるにすぎない彼らは、純然たる事実的支配の対象であり、法律と裁判による管理からまったく引き剥がされているため、期限の点のみならず、その本性自体に関しても、無限定な拘留の対象なのである。これと唯一比較が可能であるのは、ナチスの強制収容所《ラーガー》においてユダヤ人の置かれていた法的状況である。彼らは、市民権とともにあらゆる法的アイデンティティを喪失していた。唯一保持していたのは、ユダヤ人であるというアイデンティティだけであった。ジュディス・バトラーがみごとに証明してみせたように〔「無期限の拘留」（二〇〇二年）〕、グアンタナモの拘留者において剝き出しの生（vita nuda）はその最大級の無規定性に到達しているのである。

1-4　このような概念の不明確さには用語上の不明確さがぴったり対応している。本研究では、「例外状態」（stato di eccezione）という語句を、それについての定義の提唱がなされる法的諸現象の一貫した総体を指すための専門用語として使用するだろう。ドイツの法学説においては常用されるこの用語（Ausnahmezustand――これはまたNotstand〔必要状態・緊急事態〕とも呼ばれる）は、イタリアとフランスの法学説にとっては聞きなれないものである。両国の法学説は緊急事態や戒厳状態――「政治的あるいは擬制的な戒厳状態」（état de siège fictif）――の政令という言葉を使うほうを好む。これに対して、アングロサクソン系の法学説においては、「戦時特別法」（martial law）とか「緊急時権限」（emergency powers）といった用語の使用が優勢である。

指摘されてきたように、もし用語法が思考のまさに詩的な契機であるとするならば、用語の選択はけっして中立的ではありえない。この意味で、「例外状態」という用語の選択は、本研究において探究しようとしている現象の本性についての、そしてその理解にもっともふさわしい論理についての、ひとつの立場の選択を示している。「戒厳状態」や「戦時特別法」という概念が、歴史的にみた場合に決定的であった戦争状態、そしていまだに続いている戦争状態とのつながりを表現しているとすれば、しかしながら、それらの概念は、この戦争という現象に固有の構造を定義するのには不十分であることが明らかになるのである。ひいては、これまたなにがしか場違いな感をぬぐえない「政治的」とか「擬制的」といった言い方をせざるをえなくなるのだ。例外状態というのは、なにか特殊な法（戦時法のような）ではないのであって、法秩序それ自体を停止させるものであるかぎりで、法秩序の閾あるいは限界概念を定義したものなのである。

ℵ　この意味では「擬制的あるいは政治的な戒厳状態」という用語の歴史から教えられるところが少なくない。この用語は、一八一一年一二月二四日のナポレオン政令に関するフランスの法学説にまでさかのぼる。この政令は、敵の軍勢に包囲されるか直接に威嚇されている都市の実際の状況とは独立に、皇帝が宣言できる戒厳状態の可能性――「状況が軍事警察に今以上の力と行動の余地をあたえることを余儀なくさせるときで、なおかつそうしないとその土地を戒厳状態下に置く必要がある場合」（Reinach, 1885, p. 109）――を想定していた。戒厳状態という制度の起源は、一七九一年七月八日のフランス憲法制定議会が発布した政令にある。憲法制定議会は、軍事的当局と文民的当局がそれぞれの領分で行動する平和状態（état de paix）、文民的当局が軍事的当局と一致して行動すべき戦争状態（état de guerre）、そして「秩序と国内の治安維持のため文民的当局にあたえられているあらゆる諸機能が、そうした諸機能を自らの排他的責任のもとで行使する軍事的司令官に移行する」戒厳状態（état de siège）とを区別している（ibid.）。そして政令は軍事的要塞や軍港に関連したものであった。しかし、共和暦第五年フリュクチドール〔実月〕一九日の法律によって総裁政府は要塞に国内の地方行政体をも含めた。さらに同年フリュクチドール一八日の法律で、ひとつの都市を戒厳状態下に置く権利を自らに付与した。戒厳状態のその後の歴史は、それが戦争状況から漸次的に解き放たれていった歴史である。もともとは戦争状況と結びついたものであった戒厳状態は、国内の無秩序や暴動に直面した治安管理部局の特例的措置として使用されたことで、事実上のあるいは軍事上の戒厳状態から擬制的あるいは政治的な戒厳状態へと転化していったのだ。いずれにせよ、忘れてはならない重要なことは、近代の例外状態は革命的民主主義的な伝統が創り出したものであって、絶対主義的な伝統が創り出したものではなかったということである。

憲法の停止という考えは、共和暦第八年フリメール〔霜月〕二二日の憲法〔一七九九年〕において初めて導入された。この憲法は、第九二条で次のようにうたっている。「国家の安全を脅かすような武装反乱あるいは動乱が生じた場合、法律は、その地域にかぎり法律の定める期間、憲法の支配を停止することができる。この停止は、同様の事態が生じた場合、暫定的に政府の命令によって宣言されることができる。それは立法府が休止状態にあり、当の命令によって立法府がすみやかに召集されることに備えてのものである」。ここで問題となる都市あるいは地方は「憲法の外部にある」(hors la constitution)と宣告された。パラダイムこそ、一方は(戒厳状態のもとでの)戦時において軍事的当局に属する諸権限の文民部門への拡張であり、他方は憲法の停止(あるいは個人の自由を保護する憲法的諸規範の停止)であるという違いがあるにせよ、これら二つのモデルは時代の経過とともに単一の法的現象に合流することとなる。これをわたしたちは例外状態と呼んでいるのである。

ℵ しばしば例外状態を特徴づける言葉として用いられる「全権」(pleins pouvoirs)という表現は、統治の諸権限の拡張に、そしてとりわけ法律-の-力をもった政令を布告する権限を執行部に付与することに関連している。この表現は、近代公法の用語体系にとっての本来の工房であった教会法において練りあげられたplenitudo potestatis〔権力の十全さ〕の概念に由来するものである。ここで前提となるのは、例外状態というのは、複数の権力(立法権力、執行権力など)のあいだの区別がいまだ生み出されていない充溢した始原状態への回帰を含意しているということである。のちに見るように、例外状態は、むしろ空虚な状態を、すなわち法の空白を構成しているのであって、権力の原初的な無区別と十全さは、自然状態についての考えと相同的な法学的神話素とみなされるべきなのである(そしてこの神話素に訴えようとしたのがまさにシュミットであったことは偶然ではないのだ)。いずれにせよ、「全権」という用語は、例外状態が続くあいだ執行権力がとる行動のさまざまな可能的様態のうちのひとつを定義するものではあるが、例外状態とぴったり合致するものではない。

1―5　例外状態の理論は、最初の孤立した登場を一九二一年にシュミットの『独裁』によって果たしていた。そして、一九三四年から四八年にかけての時期、ヨーロッパの民主主義政体の崩壊に直面して、格別に幸運な瞬間を迎えることとなった。しかし、そのような幸運の瞬間がおとずれたのはいわゆる「立憲独裁」をめぐる議論という擬態的形態においてであったことは注目に値する。

「立憲独裁」という用語は、すでにヴァイマル憲法第四八条にもとづくライヒ大統領の例外的な諸権限を指示するためにドイツの法学者たちのあいだで使われていた（フーゴー・プロイス「帝国憲法にもとづく独裁」）。そして、フレデリック・M・ウォトキンズ（「立憲独裁の問題」、『パブリック・ポリシー』、一九四〇年）やカール・J・フリードリヒ（『立憲政府と民主主義』、一九四一年）、さらにはクリントン・L・ロシター（『立憲独裁――現代民主主義諸国における危機統治』、一九四八年）らにより再度取りあげられ、発展させられた。また、彼らの著作以前に刊行されたもののうちせめて言及だけでもしておくべきものに、スウェーデンの法学者ヘルベルト・ティングステンの著作『全権――大戦中と戦後の統治権限の拡大』

（一九三四年）がある。これらの著作は、その内容には互いにかなり相違したものが認められると同時に、全体としてみると一読して得られる印象よりもはるかにシュミットの理論に依拠しているのだが、いずれも重要なものばかりである。というのも、これらの著作は、二度の世界大戦のあいだに進行した執行権力の漸進的な拡大の結果、そしてより一般的には二度の世界大戦に随伴していた例外状態の結果生じた、民主主義諸国の体制の変容を初めて記録しているからである。それらの著作は、いくぶんなりとも今日のわたしたちがはっきりと眼前にしていること、すなわち、「非常事態〔例外状態〕が（…）通常の状態である」（Benjamin, 1942, p. 697）ことからして、例外状態は、もはや例外的尺度としてではなく、ますます統治の技術として登場するようになっただけではなくて、法秩序を構成するパラダイムとしてのその本質を明るみに出すようにもなっていることを告知する先導役を果たしている。

ティングステンの分析は、現代議会主義体制の進展を深いところで特徴づけている法技術上の本質的な問題に集中している。「全権」によると言われるさまざまな法律に含まれている授権の結果、政令や措置の布告をつうじて、立法府にまで執行権力が拡大されるという事態がそれである。「全権による法律という言葉でわたしたちが言わんとしているのは、例外的に広範な規制の権限、とりわけ、現行の法律を政令によって修正したり廃止したりできる権限を執行部に付与するような法律のことなのである」（Tingsten, 1934, p. 13）。必要性や緊急性という例外的な事情に対処するために布告されるべきだとされるこのような性質の法律は、民主主義的憲法体制の基礎にある法律と規定とのあいだの序列と矛盾し、議会の排他的な権限であるはずの立法権力を政府に委任することになる。そこで、ティングステンは、一連の国々（フランス、スイス、ベルギー、アメリカ合州国、イギリス、イタリア、オーストリア、ドイツ）において、第一次大戦中、交戦中の多くの国で（あるいはスイスのような中立国でも）戒厳状態が宣言されたり、全権による法律が布告されたりしたときに、統治権限の体系的な拡大からどのような状況が生じたかを検証するよう提案する。この本は、広範な個別事例の記録以上のものではない。けれども、結論において著者は、たとえ全権の一時的で管理された活用が理論的には民主主義的憲法体制と両立可能だとしても、「この制度の体系的で規則的な活用は必然的に民主主義の崩壊につながる」（ibid., p. 333）ということを考慮しているようである。実際、議会の立法権限は今日ではしばしば、法律－の－力をもつ政令によって執行部が布告する措置を承認することに限定されてしまっているが、そのようにして議会の立法権限がしだいに浸食されていくという事態は、すでに当時からありふれた実践に転化していたのだった。第一次大戦――とそれに続く年月――は、こうした展望のもとでは、統治のパラダイムとしての例外状態のメカニズムともろもろの機能的装置が実験され調整されてきた作業場として立ち現れることとなる。例外状態の特徴のひとつ――立法権力、執行権力、司法権力のあいだの区別の一時的な廃止

――は、ここにおいて、それが統治の継続的な実践へと転化する傾向にあることを示している。フリードリヒの本は、独裁についてのシュミットの理論を一見そう見えるよりもはるかによく活用している。もっとも、ある註のなかで、シュミットの理論は「党派的な小冊子」であるとして一蹴されてしまっているにしてもである（Friedrich, 1941, p. 812）。委任独裁と主権独裁とのあいだのシュミットの区別は、この本では、憲法秩序を保護することを目的とする立憲独裁と、そうした秩序の転覆へといいたる非立憲独裁とのあいだの対立として提示しなおされている。独裁の第一の形態から第二の形態への移行（それこそがまさにドイツで起きたことだった）をもたらす諸力を定義し中立化することの不可能性は、一般的に立憲独裁についてのすべての理論がそうであるように、フリードリヒの本においても根本的なアポリアをなしている。立憲独裁の理論は、民主主義的憲法体制の防衛のために正当化されたはずの例外的諸手段がその憲法体制を破壊に導くものと同一であるという悪循環のなかに囚われつづけている。「緊急の諸権限が実際に憲法を保護する目的で活用されるということを保証できるような、いかなる制度的監視手段も存在しない。それらがそうした目的で活用されていることを検証しようとするにあたっての人民自身の決定だけが、そうしたことを保証できるのである（…）。近代のさまざまな憲法体制の具備しているほとんど独裁的な諸装置も、それが戦時特別法であれ戒厳状態であれ憲法にもとづく緊急時権限であれ、諸権限の集中に対しては有効な統制を実現できない。その結果、これらすべての制度は、もし好都合な条件がそろえば全体主義的な体制へと転化してしまう危険を冒している」(ibid., pp. 828 ff.)。

ロシターの本のなかでは、これらのアポリアが公然たる矛盾の姿をとって炸裂している。ロシターは、ティングステンやフリードリヒとは異なって、広範な歴史的検証をつうじて、立憲独裁を公然と正当化しようとする。ロシターの仮説は次のようなものである。民主主義的体制は、そこにおける諸権限の均衡とともに、正常な事態のもとで機能するために構想されたものであって、「危機の時期には、立憲政府は差し迫った危険を中和し正常な状況を回復するために必要ならどのようにでも一時的に改変されるべきである。この改変は、決まってより強力な政府をもたらす。すなわち、政府はより多くの権力をもち、人民はより少ない権利をもつのである」(Rossiter, 1948, p. 5)。ロシターは、立憲独裁(すなわち例外状態)が事実上、統治のパラダイム——「立憲政府の確立された原則」(ibid., p. 4)——になったこと、そのようなものとしてそれは危険に満ち満ちていることを自覚している。それでも、まさにその内在的な必然性をこそ、彼は証明しようとするのだ。しかしながら、彼はその試みにおいてどうしようもない矛盾に巻きこまれる。委任独裁と主権独裁とのあいだの違いは本質的なものではなく、程度の違いにすぎないこと、そして独裁の決定的な形態は間違いなく後者であることを指摘するシュミットの理論装置——それをロシターは「いくぶん場当たり的かもしれないが草分け的な」研究と評価しつつ、その修正を提案している（ibid., p. 14）――は、実際、そんなにやすやすと中和を受け入れはしない。ロシターは立憲独裁を非立憲独裁から区別するために一一もの基準を提示しているけれども、それらの基準のうちのどれひとつとして両者の実質的な違いを定義できてはいないし、一方から他方への移行の危険性を排除できてもいないのである。他の基準が結局はすべてそこに還元されてしまう本質的な基準である絶対的な緊急性と一時性という二つの基準は、ロシターが完璧に心得ているように、矛盾している。すなわち、例外状態はいまや通常の状態になってしまったというのが実態なのだ。「いまや世界がそのなかに入りこむにいたった原子力時代においては、立憲的緊急権力の行使は、常態とはなっても例外とはならないだろう」（ibid., p. 297）。あるいは、本の結論部では、さらに明確にこうも言われている。「この本は、西欧民主主義諸国における緊急事態下の政府を叙述するなかで、執行部の独裁、立法上の諸権限の委任、行政命令による立法といった統治テクニックが、純粋に一時的な性格のものであるという印象をあたえたかもしれない。が、そのような印象は明らかに誤解である。（…）ここで描かれた危機に対する一時的な備えとしての統治道具は、いくつかの国々においては平時においても永続的な常設制度になっているし、可能性としてはすべての国々においてそのようなものになるにちがいないのである」（ibid., p. 313）。歴史の概念についての八番目のテーゼにおいてベンヤミンが最初に〔「非常事態〔例外状態〕が（…）通常の状態である」というように」定式化してから八年後に登場したこの予測は、間違いなく正しかった。しかし、それだけにいっそう本全体を締めくくる次の言葉はグロテスクに響く。「われわれの民主主義を守るためなら、いかなる犠牲を払っても大きすぎるということはない。まして民主主義それ自体の一時的な犠牲などものの数ではない」(ibid., p. 314)。

1-6 西欧諸国のさまざまな法学的伝統における例外状態に関する状況を検証してみると、憲法の条文あるいは法律をつうじて例外状態を規定する法秩序と、この問題を明文的に規定しないほうを好む法秩序とのあいだの――原則的には明確な、しかし実際にはもっと曖昧な――区別のあることがわかる。前者のグループに属するのはフランス(この国では近代的な例外状態は大革命の時代に生まれている)とドイツである。後者のグループに属するのはイタリア、スイス、イギリス、アメリカ合州国である。学説もこれに対応して次のような二種類の論者に区分される。一方は、例外状態をあらかじめ憲法や法律のなかで予想しておくことの適切さを支持する論者たち。他方は、そもそもの定義からいって規範化できないものを法律によって規定しようという主張を容赦なく批判する論者たち(その筆頭がカール・シュミットである)。しかしながら、形式的な憲法のレヴェルではこの区別は――後者の場合には、政府が法律の外であるいは法律に反してなした行為は理論上非合法的なものとみなされうるということ、したがってしかるべき補償法（bill of indemnity）によって正常な状態に戻されるべきであるということを前提にしているかぎりで——間違いなく重要なものであるにしても、実質的な憲法のレヴェルでは、なにか例外状態のようなものは右で述べたあらゆる法秩序のうちに存在している。そして、少なくとも第一次大戦以降は、この制度の歴史は、それが憲法あるいは法律によって定式化されているところとは独立に発展してきたことを示している。たとえば、憲法が第四八条において、「公共の安全と秩序」（die öffentliche Sicherheit und Ordnung）が脅かされるような状況におけるライヒ大統領の諸権限を規定していたヴァイマル共和国においては、この制度が明示的なかたちではあらかじめ規定されていなかったイタリアや、この制度を法律をつうじて規定し、しばしば大がかりに戒厳状態（état de siège）や政令による法制化に訴えることさえしてきたフランスにおけるよりも、例外状態は明らかに決定的な機能を果たしてきたのだった。

1-7 例外状態の問題はレジスタンスの権利の問題と明らかな類似を呈している。とりわけさまざまな憲法制定議会の場では、憲法の条文にレジスタンスの権利を盛りこむことが適切か否かをめぐって、多くの議論がなされた。現行イタリア憲法の草案には、次のような条項が組みこまれていた。「公的諸権力が、憲法によって保障された基本的な自由と諸権利を侵害するときには、抑圧へのレジスタンスは市民の権利であり義務である」。カトリック陣営のもっとも権威ある代表者のひとりであったジュゼッペ・ドッセッティ〔一九一三年生まれの聖職者。キリスト教民主党左派の政治家として、憲法制定議会の議員を務めた〕の示唆を受けいれたこの提案は、激しい抵抗に出会った。論争の過程で優勢となったのは、その本質からして実定法の領域から離脱していたなにものかを法律の条文によって規定することなど不可能だという意見であり、そのためにこの条項は承認されなかった。しかしながら、これに対してドイツ連邦共和国基本法には、「すべてのドイツ人は、この秩序〔民主主義的憲法体制〕を排除しようとする何びとに対しても、その他の救済手段を用いることが不可能な場合には、抵抗する権利を有する」として、市民によるレジスタンスの権利を留保なしに適法化した条文が姿を現している（第二〇条）。

ここでの議論は、憲法の条文あるいはその目的にかなった法律のなかで例外状態を適法化することを主張する者たちを、規範によって例外状態を規定するのはまったく不適切だとみなす法学者たちに対立させている議論と、正確に同型的である。いずれにせよ、もしレジスタンスがひとつの権利ないしはひとつの義務にさえなるとしたら（その場合には義務の不履行は罰せられうるだろう）、憲法は絶対的に不可侵で全体を包括した価値として提示されることになってしまうだけではなく、市民たちのさまざまな政治的選択も法律的に規範化されることになってしまうだろうことは間違いない。事実、レジスタンスの権利においても例外状態においても問題となるのは、要するに、それ自体としては法律の外にある行為の領域がもつ法律的な意義なのである。ここで対立しているのは、法＝権利（diritto）は規範（norma）と合致しなければならないと主張するテーゼと、これとは反対に、法＝権利の領域は規範を乗り越えるとするテーゼなのだ。しかしながら、これら二つの立場も、全面的に法＝権利から離脱した人間的行為の領域が存在することを排除するという点では、結局のところ連帯しているのである。

ℵ 例外状態小史　戒厳状態がその起源を大革命期間中のフランスに有していることについては、すでに見たとおりである。一七九一年七月八日の憲法制定議会の発した政令による制度化以降、戒厳状態は、一七九七年八月二七日の総裁政府の政令と、最後には一八一一年一二月二四日のナポレオンによる政令によって、擬制的戒厳状態あるいは政治的戒厳状態に固有の相貌を獲得する（本書一四ページを参照）。これに対して、憲法の停止という考えは、これもすでに見たとおり、共和暦第八年のフリメール二二日の憲法によって導入されていた。一八一四年の憲章（Charte）の第一四条は「法の執行と国家の安全のために必要な規定と条例をつくる」権限を主権者に付与していた。そして、この定式が曖昧模糊としたものであったため、シャトーブリアンは「第一四条のためにいつの日か憲章全体が骨抜きにされてしまうかもしれない」と指摘している。戒厳状態は、一八一五年四月二二日の憲法への追加条例（Acte additionnel）において明示的に言及されるにいたった。ただし、そこでは、戒厳状態を布告するにあたっては法律を必要とするとの留保が付けられた。それ以来、フランスでは一九世紀から二〇世紀にかけて、戒厳状態に関する法制化の問題が持ちあがるたびに、憲法上の危機の瞬間がおとずれることとなる。一八四八年六月二四日、七月王政が崩壊した直後に憲法制定議会が発したひとつの政令が、パリを戒厳状態下に置き、街に秩序を回復する役割をカヴェニャック将軍に託した。その結果、一八四八年一一月四日の新憲法には、戒厳状態の機会、形態、効果を確定するようなひとつの法律が必要であるとする条文が付け加えられた。このときから、フランスの伝統における支配的な原則は――戒厳状態布告の権限を国家元首にゆだねるドイツの伝統とは異なって――、（のちに見るように、例外がなかったわけではないものの）法律を停止させる権力が、法律を生み出すのと同じ権力に、すなわち議会にのみ属しうるというものであることになった。ひきつづいて、一八四九年八月九日の法律（これは一八七八年四月四日の法律によって部分的により制限的なものへと修正された）は、切迫した危険がある場合には、対外的あるいは国内的な安全のためなら、政治的戒厳状態を議会によって（あるいは補助的に国家元首によって）布告することができる、と規定した。ナポレオン三世はしばしばこの法律に訴えた。そして、ひとたび権力の座につくやいなや、一八五二年一月の憲法において、戒厳状態を布告する独占的な権限を国家元首にゆだねさせた。普仏戦争とパリ・コミューンの蜂起は、前例のない戒厳状態の全般化と軌を一にしていた。全国四〇の県において戒厳状態が布告され、いくつかの県ではそれは一八七六年まで延長された。こうした経験にもとづいて、さらには一八七七年五月のマクマオンによるクーデタの失敗ののち、一八四九年の法律は修正され、「対外戦争ないしは武装蜂起による切迫した危険」がある場合には、ひとつの法律だけで（あるいは万一下院が召集できない場合には、両院を二日以内に召集することを義務づけたうえで国家元首によって）戒厳状態を布告することができる、と定めた（一八七八年四月四日の法律第一条）。

第一次世界大戦は、交戦中の大多数の国においては、恒常的な例外状態が登場を見ることになったことで特記される。一九一四年八月二日、ポワンカレ大統領は国全体を戒厳状態下に置く政令を公布した。そして、この政令は二日後に議会によって法律に転換された。この戒厳状態は一九一九年一〇月一二日まで継続した。大戦勃発後最初の六ヶ月間は活動を停止させられていた議会は、一九一五年一月に活動を再開していた。しかし、可決された法律の多くは、実際には立法権限を執行部に委任したものでしかなかった。このことは、たとえば一九一八年二月一〇日の法律が、食用農産物の生産と販売をさまざまな政令によって規定できる事実上絶対的な権限を政府に許可したことに現れている。ティングステンが指摘したように、このようにして執行権力は実質上立法機関に転化したのであった（Tingsten, 1934, p. 18）。いずれにせよ、政府の政令をつうじた例外的な立法（それは今日のわたしたちにはまったくありふれたことになってしまっている）がヨーロッパ民主主義諸国において普及した実践になるのは、この時期においてのことである。

予想されえたとおり、執行部の諸権限の立法分野への拡大は戦争の終結後も続いた。そして注目に値することにも、戦争と経済とのあいだに含意されていた同一化を背景にして、軍事的緊急事態はいまや経済的緊急事態に席を譲ることとなった。一九二四年一月、フランス通貨の安定性を脅かす重大な危機の瞬間に、ポワンカレ政府は財政分野における全権委任を要求した。これをめぐっては激しい論争が起こり、野党側はこれでは議会は自らの憲法上の諸権限を手放すことになってしまうと主張したが、法案は三月二一日、四ヶ月にかぎり政府の特別権限を認めるというかたちで可決された。これとよく似た措置はラヴァル政府によっても一九三五年に可決させられ、政府はフランス通貨の平価切り下げを回避するために「法律としての効力をもつ」五〇〇以上の政令を布告した。レオン・ブルムに率いられた左派野党は、この「ファッショ的」行為に力づくで対抗した。しかし、これまた注目に値することにも、ひとたび人民戦線とともに政権の座につくやいなや、一九三七年六月、彼らはフランス通貨切り下げや貿易の管理そして新税導入のための全権委任を議会に求めたのだった。指摘されたように（Rossiter, 1948, p. 123）、このことは、戦時中に始められた政府の政令をつうじての新しい立法手続きはいまやあらゆる政治勢力から受け入れられるところとなったということを意味している。一九三七年六月三〇日、レオン・ブルムには認められなかった諸権限が、幾人かの重要閣僚のポストが非社会主義者に割り振られたショータン政府に認められた。一九三八年四月一〇日、エドゥアール・ダラディエは、ナチス・ドイツと経済危機の脅威に対処するため、政令による法制化を進める例外的権限を議会に要求して手に入れた。それは第三共和国の終焉まで「議会制民主主義の通常手続きは停止状態となった」と言えるような仕方でなされた(ibid., p. 124)。イタリアとドイツにおけるいわゆる独裁体制の誕生を研究する場合には、戦間期における民主主義的憲法体制のこのような同時進行的な変質の過程を忘れないことが大切である。例外状態というパラダイムによる圧力のもと、西洋社会の政治上−憲法上の営為全体が、おそらく今日になってようやくその十全な発展に到達した新しい形態を徐々にまとい始めるのである。一九三九年一二月、第二次大戦の勃発後、政府は政令をつうじて国民の保護を確実にするために必要とされるあらゆる手段を講じる権限を手に入れた。議会は結束を保っていた(議員の免責特権を共産党議員から取り上げるために一ヶ月間休会したときを除いて)。しかし、すべての立法活動は執行部の手にしっかりと握られてしまっていた。ペタン元帥が権力を掌握したとき、フランス議会はすでに抜け殻同然であった。一九四〇年七月一一日の新憲法は、(いまやドイツ軍に一部占領された)国土全体に戒厳状態を布告する権限を国家元首にあたえた。

現行憲法においては、例外状態はド・ゴールの望んだ第一六条によって規定されている。第一六条は「共和国の諸制度、国の独立、領土の保全あるいは国際的約束の履行が重大かつ切迫した脅威にさらされ、憲法上の公的な諸権限の正常な運営が妨げられた場合」には、共和国大統領が必要とする措置をとると定めている。一九六一年四月、アルジェリア危機の期間中、ド・ゴールは、公的な権限の運営が妨げられたわけではなかったにもかかわらず、この憲法第一六条の適用に踏み切った。それ以来、第一六条は適用されていない。しかしながら、すべての西欧民主主義諸国において現に進行中の一傾向と歩調を合わせながら、例外状態の宣言は、通常の統治技術としての安全確保というパラダイムの先例なき全般化によって徐々に取って代わられつつある。

ヴァイマル憲法第四八条の歴史は戦間期ドイツの歴史ときわめて緊密に絡み合っているので、一九一九年から三三年にかけての時期におけるこの条文の使用と濫用についてあらかじめ分析しておかなければ、ヒトラーが権力の座に就いたこととの理由を理解することはできない。第四八条の直近の前身は、ビスマルク憲法第六八条であった。その条文は、「帝国領土内において公共の安全が脅かされる」場合には領土の一部が戦争状態（Kriegszustand）にあることを宣言する権限を皇帝に付与している。そして、その具体的な様態の決定にあたっては、一八五一年六月四日の戒厳状態に関するプロイセンの法律に従うよう求めている。第一次大戦の終結に続く無秩序と暴動という状況下で、新憲法の可否を決する必要があった国民議会の議員たちは、フーゴー・プロイス〔一八六〇―一九二五〕を筆頭とする法学者たちの補佐を得て、ライヒ大統領に極端なまでに広範な例外的権限を授ける条文を新憲法に組みこんだ。実際、第四八条には次のようにある。「ドイツ帝国内において安全と公共の秩序が重大な程度に（erheblich）攪乱されるか脅かされるかした場合には、ライヒ大統領は、軍隊の力を借りてでも、安全と公共の秩序の再建に必要な手段を取ることができる。この目的のために、ライヒ大統領は、憲法第一一四条、第一一五条、第一一七条、第一一八条、第一二三条、第一二四条、第一五三条において定められた基本的諸権利（Grundrechte）を全面的にあるいは部分的に停止することができる」。条文は、ひとつの法律がこの大統領権限の行使の仕方を詳細に規定することになろう、と付け加えている。しかし、その法律は一度として可決されたことがなかった。そのため、大統領の例外的権限は無規定のままでありつづけ、「大統領独裁」という表現が第四八条に関する学説において日常的に使用されるまでになっただけではなく、シュミットが「世界のいずれの憲法もヴァイマル憲法ほどクーデタを簡単に合法化する憲法はない」と一九二五年に書くほどになる（Schmitt, 1995, p. 25）。

ヴァイマル共和国の歴代内閣は、ブリューニング内閣に始まって、第四八条を――一九二五年から二九年にかけて相対的休止期間があったものの――継続的に活用し、二五〇回以上も例外状態を宣言し緊急政令を発布してきた。彼らは、とりわけ、何千人もの共産党活動家たちを投獄し、極刑の判決をくだす資格をあたえられた特別法廷を設立するために、それを利用してきたのだった。しかしまた、より多くの場合には、とくに一九二三年一〇月には、政府はドイツ・マルクの下落に対処するために、第四八条の適用に訴えた。こうして、政治的‐軍事的緊急事態と経済的危機とを合致させようとする現代の傾向に裏書きをあたえることとなった。

ヴァイマル共和国の最後の時期が全面的に例外状態にもとづく体制のなかで展開していったことはよく知られている。一方、もしドイツがそのほぼ三年前から大統領独裁体制のもとに置かれていなかったとしたら、そして議会が正常に機能していたとしたら、ヒトラーは権力を掌握できなかったのではないかというのは、さほど定かではない。一九三〇年七月、ブリューニング内閣は議会内で少数派となった。この事態に直面して、ブリューニングは、辞表を提出する代わりに、ヒンデンブルク大統領から第四八条の適用と帝国議会の解散の許可を取り付けた。その瞬間からドイツは議会制共和政体であることを事実上やめたのである。議会は全部で一二週間もない審議期間のうちわずか七回召集されただけであった。その一方で、社会民主党と中央党の議員たちからなる不安定な連合は、いまやライヒ大統領にのみ依拠する政府のゆくえをただただ見守るのみであった。一九三二年、ヒトラーとテールマンに競い勝って再度大統領に選出されたヒンデンブルクはブリューニングを辞任させ、そのポストに中央党のフォン・パーペンを任命した。六月四日、帝国議会は解散し、ナチスが政権の座に就くまで二度と召集されることはなかった。七月二〇日、例外状態がプロイセン州内に宣言され、フォン・パーペンがプロイセンの帝国全権委員〔プロイセン総監〕に任命されて、オットー・ブラウンの社会民主党プロイセン政府は罷免された。

ヒンデンブルク大統領のもとでドイツが経験した例外状態は、シュミットによって、大統領は「憲法の番人」として行為したのだという思想をつうじて憲法学の領域で正当化された（Schmitt, 1931）。しかしながら、それとは反対にヴァイマル共和国の終焉が明確に示しているのは、「守護された民主主義」はもはや民主主義ではないということ、そして立憲独裁のパラダイムはむしろ不可避的に全体主義体制の樹立へと導いていく移行の局面として機能しているということである。

こうした前例があるからこそ、ドイツ連邦共和国基本法が例外状態に言及しなかった理由も理解できるのである。ところが、一九六八年六月二四日、キリスト教民主同盟の議員と社会民主党の議員による「大連立」政権は、基本法補充法（Gesetz zur Ergänzung des Grundgesetzes）を可決し、例外状態を「対内的必要状態」（innere Notstand）という名において再導入した。しかしまた、その例外状態の宣言は、それと自覚されないアイロニーをともないつつ、制度史上初めて、たんに安全と公的秩序の保護のためにではなく、「自由民主主義的憲法」の擁護のために準備されたのだった。守護された民主主義がいまや通常の状態になってしまったのである。

一九一四年八月三日、スイス連邦議会は、連邦評議会に「スイスの安全、一体性、中立性を保障するために必要なあらゆる手段をとる無制限の権限」を授けた。ひとつの非交戦国が戦争に直接巻きこまれている国々の政府が受けていた諸権限よりもさらに広範で無限定の諸権限を執行部に付与することを可能にしたこの異例の決議が注目に値するのは、議会それ自体において、またスイス連邦裁判所に対して市民たちが起こした憲法違反であるという異議申し立てをきっかけにして始まった論争のゆえである。スイスの法学者たちは——立憲独裁の理論家たちにほぼ三〇年先駆けて——、この機会に、(ヴァルトキルヒやブルクハルトのように)憲法の条文それ自身から例外状態の正当性を引き出そうと試みたり(憲法第二条には「連邦は外国人からの祖国の独立を保障し、国内における秩序と平穏を維持するという目的を有する」とある)、あるいは(ホエルニやフライナーのように)「国家の存在それ自身に内在する」緊急権にその正当性の根拠を見いだそうとしたり、さらには(ヒスのように)例外的な諸規定がその穴を埋めなければならないような法における欠缺《けんけつ》にその根拠を見いだそうとしたりしたが、そのさいに彼らが示した執拗さは、例外状態の理論がなんら反民主主義的伝統の独占的な資産などではないということを証明している。

イタリアにおける例外状態の歴史とそれをめぐっての法的状況は、政府による緊急政令――いわゆる「暫定措置令」(decreto-legge)――をつうじての立法というプロフィールのもとで特別に興味深いものとなっている。実際、このプロフィールのもとで、イタリアは、暫定措置令が「規範の創出の特例的にして例外的な道具から、法を創出する通常の法源になっていく」(Fresa, 1981, p. 156)――程度こそ異なるものの他のヨーロッパ諸国でも見られる――過程が組織されていった、正真正銘の政治的‐法的作業場として機能してきたのだった。しかしながら、そのことが意味しているのは、内閣が頻繁に交代するほど不安定な国家こそが、民主主義が議会制的なものから政府主導のものへと変化していくさいの通路となる基本的なパラダイムのひとつを練りあげてきたということでもあるのだ。

いずれにせよ、緊急政令布告が例外状態という問題的な領域と密接に関連したものであることが明らかになるのは、このコンテクストにおいてなのである。アルベルト憲法*には(そのうえ現行の共和国憲法もそうであるが)、例外状態についての規定がなかった。そうであったにもかかわらず、イタリア王国の歴代内閣は、戒厳状態の布告に何度となく訴えてきた。パレルモやその他のシチリア諸県で一八六二年と一八六六年に、ナポリで一八六二年に、シチリアとトスカーナ州のルニジアーナで一八九四年に、そして無秩序状態の鎮圧がおびただしい流血の事態を招いたナポリとミラノで一八九八年に。この場合には議会で激しい論争が起きた。さらにまた、一九〇八年一二月二八日にメッシーナとレッジョ・カラーブリアで発生した地震のさいの戒厳状態の宣言。これが例外的なケースであるというのは、見た目の違いであるにすぎない。実際にはこの宣言も、究極的な理由は公共の秩序の保全に関するものであったのだ（震災によって引き起こされた掠奪や火事場泥棒の横行を鎮圧することが目的であった）。しかし、それだけではなく、理論的な観点からみて注目に値することには、そうした行為はサンティ・ロマーノ〔一八七五―一九四七〕をはじめとするイタリアの法学者たちに法の第一の源泉としての緊急性というテーゼ（これについては後述する）を練りあげる機会をもあたえたのだった。

これらのケースではいずれも、戒厳状態の布告は国王政令をつうじておこなわれた。国王政令は議会の批准を必要とする旨のいかなる但し書きも含んでいなかったものの、戒厳状態とは関係ない他のあらゆる緊急政令と同様に、つねに議会によって承認されていた（一九二三年と一九二四年には、それ以前に布告され未決のままになっていた何千もの暫定措置令が一括して法律となった）。一九二六年、ファシスト体制は暫定措置令の問題を明示的に規定した法律を

＊　一八四八年にサルデーニャ王国の国王カルロ・アルベルトによって制定された欽定憲法。同憲法はその後誕生したイタリア王国においても継承された。

公布した。その第三条は、まえもって内閣の審議を経たものであれば、「(一)政府が委任の限界内においてひとつの法律によってあることを委任された場合、(二)緊急にして絶対的な必要性という根拠理由がそれを要請しているような極限的なケースの場合」には、国王政令によって、「法律の力をもつ諸規範」を公布することができるとしており、「必要性と緊急性についての判断は、議会の政治的な規制以外の規制には従わない」と定めている。いま見た第二項において想定されている政令には、当然のことながら、法律になるためには議会に提出されるべしという但し書きが含まれているはずであった。しかし、ファシズム体制が存続していた期間中は両院の自律性がすべて失われていたため、そうした但し書きは余計なものになってしまった。

ファシスト歴代内閣による緊急政令布告の濫用が当の体制自身をして一九三九年にはその比重を制限する必要性を感じさせるほどのものであったにもかかわらず、戦後の共和国憲法は、この点に関しては奇妙にも連続性を示して、第七七条において、「必要性と緊急性のある非常の場合には」政府は「法律の力をもつ暫定的措置」をとることができると定めるとともに、ただしこれを法律にするためにはその日のうちにこれを両院に提出しなければならず、その公布後六〇日以内に法律にならないときは、その効力を失うとしている。

知られているように、暫定措置令をつうじた政府主導のもとでの立法化の実践が、それ以来イタリアでは通常の状態になってしまった。政治的危機がおとずれるたびに緊急政令布告という手段に訴えるということがおこなわれ、市民の諸権利は法律によってのみ制限されうるとする憲法上の原則が骨抜きにされてきた（テロリズムの鎮圧のために、一九七八年三月二八日に発布され、一九七八年五月二一日に法律第一九一号——いわゆるモロ法——となった暫定措置令第五九号、および、一九七九年一二月一五日に発布され、一九八〇年二月六日に法律第一五号になった暫定措置令第六二五号を参照）だけではない。暫定措置令は「確実に起きると保証された緊急事態に対処すべく増強された法律の素案」（Fresa, 1981, p. 152）と定義されうるほどに立法化の通常の形態を構成するまでになったのである。これが意味しているのは、権力分立という民主主義の原則が今日では守られなくなってしまったということ、そして執行権が事実上、立法権の少なくとも一部を吸収してしまったということである。議会は、法律をつうじて市民たちに義務を課すという独占的な権限を付与された主権的機関ではもはやない。議会は、執行権が布告するさまざまな政令を認可するだけの存在になってしまったのだ。法技術的な意味で言えば、イタリア共和国はもはや議会制国家ではなく、政府主導の国家なのである。しかも、注目すべきことにも、程度の違いはあれすべての西欧民主主義国において今日進行中のこれと同様の憲法制度の変質は、法学者や政治家たちには完全に自覚されているとしても、市民たちにはまったく気づかれないでいる。西洋の政治的文化は、他のさまざまな文化や伝統に民主主義の教えを垂れようとしたがっているまさにその瞬間に、民主主義の根本原則をまったく見失ってしまったことに気づいていないのである。

イギリスにおいては、フランスの「戒厳状態」（état de siège）になぞらえることのできる唯一の法的装置は「戦時特別法」（martial law）という呼び名で通っている。しかしながら、これはもっともなことにも「王国内で戦争が発生した場合、コモンウェルスを防衛するうえで必要とされる行為について、それをコモンローによって正当化するために付けられた不幸な名称」（Rossiter, 1948, p. 142）と定義されえたほどに多義的な概念である。だが、このことは、イギリスにおいてはなにか例外状態のようなものが存在しえなかったということを意味するものではない。戦時特別法を宣言する国王の権限は、一般的には、反逆法（Mutiny Acts）において戦時に制限されていた。しかしながら、この権限は、武力鎮圧に事実上巻きこまれた民間の部外者にとっても深刻な帰結をもたらすことにならざるをえないことをも含意していた。こうして、たとえばシュミットは、戦時特別法を当初は兵士にのみ適用されていた軍事裁判所とその略式手続きから区別し、この権限を純粋に事実上の手続きというようにとらえて、例外状態に近づけようと努めたのである。「戦時特別法は、法の名をたずさえているにもかかわらず、現実には法でもなければ法律でもなく、本質的には特定の目的を追求する必要によって支配された手続きなのだ」(Schmitt, 1921, p. 183)。

イギリスの場合にも、第一次大戦は、もろもろの例外的な統治上の装置を一般化するうえで決定的な役割を果たした。政府は宣戦布告直後、所轄の大臣たちによって準備されていた一連の緊急措置の承認を議会に求めた。そして、それらは事実上審議を経ずに可決された。これらの法律のうちでもっとも重要なのは、DORAとして知られる一九一四年八月四日の国土防衛法(Defence of Realm Act)である。この法律は、戦時経済を統制するための広範な諸権限を政府に授与しただけではなく、市民の基本的諸権利の重大な制限(とりわけ軍事裁判所が文民〔民間人〕を裁く権限)をも想定していた。フランスの場合と同様に、議会の活動は、戦争が継続しているあいだずっと、影を潜めてしまった。しかしながら、イギリスの場合にも、それが戦時の緊急事態を越えて続いたひとつの過程なのだということは、緊急時権限法(Emergency Powers Act)が――一九二〇年一〇月二九日、ストライキと社会的な緊張の高まりのなかで――承認されたことによって証明された。実際、その第一条は次のように主張している。「個々人あるいは集団による、次のような性質を有し次のような広範な規模にわたる行為が企てられたか、まさに企てられようとしていると国王陛下が思し召される場合にはいつでも、陛下はひとつの宣言をもって(以下、緊急事態宣言と呼ぶ)緊急事態が存在することを宣告することができる。その行為とはすなわち食糧、飲料水、燃料あるいは電力の供給と分配もしくは運送手段に敵対的に介入することで地域社会あるいはその一部から生活に必要なものを奪う行為である」。法律の第二条は、「国王陛下」に対して、そのための細則を発布し、執行部に「秩序の維持のために必要なあらゆる権限」を授与し、違反者には特別法廷（courts of summary jurisdiction）を導入する権限をあたえている。この法廷のあたえる刑罰は三ヶ月の禁固刑（「強制労働つきか、あるいは強制労働なしの」）を越えることができなかったとはいえ、例外状態の原則はイギリス法のうちにしっかりと導入されたのだった。

アメリカ合州国憲法における例外状態の理論の――論理的であると同時に実用的な――場所は、大統領の諸権限と連邦議会の諸権限とのあいだの弁証法のうちにある。この弁証法は、歴史的に――そしてすでに内戦〔南北戦争〕のときから模範的なかたちで――緊急事態における至上権をめぐる抗争として生み出されたものであった。シュミット流に言えば、主権的決定をめぐる抗争として登場していたのである（それも、特記されることにも、民主主義発祥の地と考えられる国においてである）。

この抗争の条文上の基礎は、とくに憲法の第一条にある。そこでは、「反乱または侵略にさいして公共の安全（public safety）のために必要な場合を除き、人身保護令状（the Writ of Habeas Corpus）〔人身保護の目的で拘禁の事実・理由などを聴取するため被拘禁者を出廷させる令状〕を求める特権を停止してはならない」と定めている。しかしながら、停止を決定する権限を有する機関がどれなのかは明示されていない(その条項が連邦議会に向けられたものであって大統領に向けられたものではないということは、支配的な学説および条文のコンテクストそのものから推定されうるにしてもである)。抗争をめぐる第二の点は、同じ第一条の他の節(戦争を布告する権限と陸海軍を召集し維持する権限を連邦議会に認めている節)と「大統領は合州国の陸海軍の最高司令官(commander in chief)である」と主張している第二条とのあいだの関係にある。

これら二つの問題は、どちらも内戦(南北戦争)(一八六一—六五年)とともに危機的な閾に入る。一八六一年四月一五日、リンカーンは合州国憲法第一条の規定に反して、七万五千人からなる陸軍の徴募を発令し、七月四日に臨時国会を開催するよう連邦議会に召集をかけた。リンカーンは、四月一五日から七月四日までの一〇週間、事実上、絶対的独裁者として行動したわけである(それゆえシュミットは、『独裁』において、リンカーンを委任独裁の典型例として提示することができたのだった。[cf. Schmitt, 1921, p. 136])。四月二七日、リンカーンは法技術的に見ていっそう注目に値する決定をくだし、陸軍参謀本部長に対して、無秩序状態に陥っていたワシントンとフィラデルフィアをつなぐ連絡通路に沿って、必要と判断した場合にはいつでも人身保護令状を停止する権限を許可した。そのうえ、大統領による非常措置の自律的決定は、連邦議会召集のあとも続いた（たとえば一八六二年二月一四日、リンカーンは、郵便物に対する検閲を課し、「〔国家に対して〕不忠誠で大逆的な行為」をなす疑いのある人物たちを逮捕し軍隊の監獄に監禁することを許可している）。

リンカーンは、七月四日にやっと再開された連邦議会に向けた演説のなかで、自分は緊急事態には憲法を侵犯する至上権を保持しているとして自らの行為を公然と正当化した。自分がとった措置は「厳密な意味では法に適っていようとなかろうと」、「人民の要請と公的な緊急事態という圧力のもとで」決定されたものであり、連邦議会もそれを承認するだろうという確信をもってくだしたものなのだ、と彼は宣言するのであった。そうした措置をとったことの基礎には、もし国家の統一と法秩序それ自体の存続がかかっているならば、たとえ基本的法律であっても侵犯されうるという信念があったのである（「ひとつの法律を除いてすべての法律は違反されるべきであり、そのひとつの法律を侵犯しないようにするためなら、政府自体が崩壊してしまっても仕方ないとでも言うのだろうか」）（Rossiter, 1948, p. 229）。

戦争という状況下では大統領と連邦議会とのあいだの抗争は本質的にいって理論上のものにすぎないことは明らかである。実際には、連邦議会は、憲法上の諸権限が侵犯されているということを重々承知していながら、大統領の行動を――一八六一年八月六日にそうしたように――承認することしかできなかった。この承認に力づけられた大統領は、一八六二年九月二二日、自らの権威のみにもとづいて奴隷解放を宣言した。そして、その二日後にはアメリカ合州国全土に例外状態を拡大し、「各州にいるあらゆる反逆者、叛徒、その共犯者と支持者、そして志願兵募集を思いとどまらせたり、兵役を拒否したり、叛徒たちに助けをあたえることになるような不忠誠な行為をそれと知りつつおこなういかなる者をも」逮捕し軍事法廷での裁判にかけることを許可した。アメリカ合州国大統領は、いまや例外状態にかんする主権的決定者となってしまっていたのだった。

アメリカ史の研究者たちによれば、ウッドロー・ウィルソン大統領は、エイブラハム・リンカーンが我が物顔で掌握したよりもさらに広範な諸権限を、第一次大戦中に自らの人格のうちに集中させたという。しかしながら、はっきりさせておかねばならないが、ウィルソンはリンカーンのように連邦議会を無視するのではなく、問題の諸権限をむしろ連邦議会からそのつど委任させることのほうを好んだ。この意味では、ウィルソンの統治実践は、同時代のヨーロッパで優勢となるものに近く、また例外状態を宣言するよりもさまざまな特別法を発布することのほうを好む現行の統治実践に近い。いずれにせよ、一九一七年から一八年にかけて、連邦議会は一連の法律——一九一七年六月の防諜法（Espionage Act）から一九一八年五月の治安法（Overman Act）にいたる法律——を承認した。これらの法律は、大統領に全土の行政の完全な統制権を付与し、不忠誠な（敵への協力や虚偽の情報を広めるなどの）諸活動を禁止するだけではなく、「いかなる不忠誠、不信心、卑猥、欺瞞的な言論をも自発的に口に出したり印刷したりあるいは出版したりすること」さえも禁止するものだった。

大統領の主権的権限は本質的に戦争状態に結びついた緊急事態にもとづいていたことからして、戦争の隠喩は、二〇世紀をつうじて、死活的重要性を有するとみなされた諸決定を課すことが問題となる場合にはいつも、大統領の使う政治的語彙の補完部分をなすこととなる。フランクリン・D・ローズヴェルトは、こうして一九三三年、大恐慌に対処するための例外的な諸権限を手に入れることに成功したとき、軍事作戦を展開中の司令官の行動に自分の行動をなぞらえたのだった。「わたしは、わが国の共通の諸問題への規律ある攻撃を指揮するために、わたしたちの国民からなる大いなる軍隊の指導者の役割をためらうことなく引き受けます（…）。わたしは、傷ついた世界のなかで傷ついたひとつの国民が要求するあらゆる措置を、わたしの憲法上の義務にしたがって勧告する準備ができています（…）。必要とされる措置を連邦議会が採択することに失敗した場合には、そしてもし国家的な緊急事態が続くようであるなら、わたしは自らが直面する義務からくる明らかな要請から逃げ出すことはいたしません。わたしは、危機に対処するために残っている唯一の手段を連邦議会に要求いたします。すなわち、もしわたしたちが外敵から侵略されるようなことがあればわたしに付与されるであろう諸権限と同じくらいに広範な、緊急事態に抗する戦争を遂行するための（to wage war against the emergency）

広範な執行権限を要求いたします」（Roosevelt, 1938, p. 16）。

二〇世紀の政治を特徴づけているすでに指摘した軍事的緊急事態と経済的緊急事態とのあいだの並行関係に照らしてみて、ニューディールが実現されたのは、憲法の観点からすると、国の経済生活のあらゆる側面に規制と管理をおこなう無制限の権限を大統領に委任することをつうじてであったということ——それは一九三三年六月一六日の全国産業復興法（National Recovery Act）で頂点を迎える一連の立法措置（Statutes）に含まれている——は忘れないほうがよい。

第二次世界大戦の勃発は、一九三九年九月八日の「限定的」国家緊急事態宣言によってこれらの権限を拡大した。そして、その宣言はその後、一九四一年五月二七日に無制限なもの〔国家非常事態宣言〕になった。一九四一年九月七日、ローズヴェルト大統領は、連邦議会に経済の領域におけるひとつの法律の廃止を求め、緊急事態のさいには大統領に主権的権限があることをあらためて要求した。「議会が満足に行動できないような場合には、わたしが全責任を引き受け、行動を起こすであろう（…）。わたしはわたしたち自身の安全がかかっているこの世界のいたるところで敵を打倒するためにわたしにあたえられているあらゆる権限を躊躇することなく行使するであろうことをアメリカ国民は信じてもらってよい」（Rossiter, 1948, p. 269）。市民的諸権利の侵害のうちもっとも人目を引いたのは（それはもっぱら人種主義的な動機によるものであっただけに、なおさら重大であった）、一九四二年二月一九日に米国西海岸に居住していた日系アメリカ市民七万人が（当地で生活し働いていた日本国市民四万人とともに）強制的に移住させられ収容されたことであった。

二〇〇一年九月一一日以降、ブッシュ大統領が恒常的に自らを全軍最高司令官（**Commander in chief of the army**）と名乗ることを決意したという事実は、緊急事態下では大統領に主権的権限があるというこうした権利要求の展望のもとでこそ、考察されなければならない。すでに見たとおり、もしこうした肩書きを名乗ることが例外状態への直接的な言及を意味するのであれば、ブッシュは、緊急事態が通常の状態になるような状況、そして平和と戦争とのあいだの（さらには対外戦争と世界的内戦とのあいだの）区別が不可能になるような状況を生み出そうとしているのである。

1－8　さまざまな国の法的伝統の違いに学説の領域において対応しているのが、例外状態を法秩序の領域に包摂しようと努める法学者たちと、例外状態を法秩序にとって外的なものとみなす、言いかえれば本質的に政治的な現象として、あるいはいずれにせよ法の領域外の現象としてとらえる法学者たちとのあいだの区別である。前者のうちサンティ・ロマーノ、モーリス・オーリウ〔一八五六―一九二九〕、コスタンティーノ・モルターティ〔一八九一―一九八五〕のような幾人かは、例外状態を基礎づけている緊急事態は自律的な法源として機能するという理由で、例外状態を実定法の補完部分であると考えている。また、ホエルニ、オレステ・ラネレッティ〔一八六八―一九五六〕、ロシターのような他の幾人かは、例外状態とは国家が自己保存のために有している主体的な（自然的あるいは立憲的な）法＝権利であると理解している。これに対して、後者は――彼らのうちにはクラウディオ・ビスカレッティ・ディ・ルッフィア〔一九五〇―〕、ジョルジョ・バッラドーレ＝パッリエーリ〔一九〇五―八〇〕、レーモン・カレ・ド・マルベール〔一八六一―一九三五〕がいるのだが――、例外状態とそれを基礎づける緊急事態とは、たとえ法の領域でときとしてさまざまな帰結を生み出しうることがあるかもしれないにしても、実質的には法の領域の外に位置する事実的諸要素であるとみなしている。ユリウス・ハチェク〔一八七六―一九二六〕は、こうしたさまざまな立場の違いを客観的必要状態理論（objektive Notstandtheorie）と主観的必要状態理論（subjektive Notstandstheorie）とのあいだの対抗関係に要約した。客観的必要状態理論によれば、必要状態において法律の外であるいは法律に逆らってなされるあらゆる行為は法＝権利に背反しており、そのようなものとして法律的に罪を問いうるものとされる。主観的必要状態理論によれば、例外的権力は国家の「憲法的あるいは前憲法的（自然的）権利に」もとづいており、それに対しては善意が認められさえすれば免責を保証するのに十分なのだとされる（Hatschek, 1923, pp. 158 ff.）。

しかし、これらの理論が含意している単純な地形学的対立（内／外）では、説明すべき現象の理由を示すのに十分であるとは思われない。もし例外状態の固有性が法秩序の（部分的あるいは全面的な）停止であるとするならば、そうした停止がどうすればいまだに合法的秩序のうちに含まれうるのだろうか。どうすればアノミー〔規範を欠いた状態〕が法秩序のうちに位置づけられるというのであろうか。これに対して、もし例外状態がたんなる事実的状況であるにすぎず、そのようなものとして法律にとって外的なあるいは法律に逆らうものであるとするならば、どうして法秩序がまさに決定的状況にかんしてひとつの欠缺を含むようなことが可能となるのであろうか。この欠缺の意味は何なのだろうか。

実際には、例外状態は法秩序の外部でも内部でもないのであって、その定義の問題は、まさにひとつの閾にかかわっているのである。言いかえれば、内部と外部が互いに排除しあうのではなく、互いに互いを決定しえないでいるような未分化の領域にかかわっているのである。規範の停止は規範の廃止を意味してはおらず、規範の停止が確立するアノミーの領域は法秩序との関係を失ってはいない（あるいは、少なくとも失っていないふりをしている）。ここから、シュミットの理論のように、法秩序の限界それ自体が問題になるようなより複雑な位相幾何学的《トポロジック》関係のうちに地形学的《トポグラフィック》対立図式を包括してしまおうとする理論への関心が生じるのである。いずれにせよ、例外状態の問題を理解するには、その問題がどこに位置しているのか（あるいは位置していないのか）を正確に規定することが前提となる。のちに見るように、例外状態をめぐる抗争は、本質的には、例外状態が位置する場所《ロクス》をめぐる論争として提示されるのである。

1―9　よく耳にする意見によれば、例外状態の基礎におかれるのは必要の概念である。しつこく繰り返されるラテン語の格言によれば――法律学的文献における格言（adagium）の戦略的機能の歴史はいまだ書かれないままになっている――“necessitas legem non habet”、すなわち「必要は法律をもたない」というわけである。そして、この格言は二通りの正反対の意味に解されている。ひとつは「必要はいかなる法律も認めない」というものであり、もうひとつは「必要は自らに固有の法律を創り出す」（nécessité fait loi）というものである。しかしまた、どちらの場合でも、例外状態の理論は必要状態（status necessitatis）〔緊急事態〕の理論に全面的に解消されてしまっており、例外状態が合法的なものであるかどうかという問題はもっぱら必要状態が存続しているかどうかについての判断にかかっている。したがって、例外状態の構造と意義について論じるには、必要という法学的概念の分析が前提となる。

「必要は法律をもたない」という格言が依拠する原則は、グラティアヌス〔?―一一五八。カマードリ会修道士〕の『教令集』〔一一四〇年頃〕にその定式を見いだすことができる。その原則はそこに二回出てくる。一回目は注釈のなかで、二回目は本文のなかで。注釈のほうでは——それはグラティアヌスが「多くの事柄が、必要のために、あるいはその他あらゆる理由のために、規則に反しておこなわれる」（第一部第四八区分）と漠然と主張するにとどめている一節に言及している部分であるが——、許されないものを許されるものにする権限を必要に付与しているように思われる。「もしあることが必要のゆえになされるなら、それは許されたものになる。なぜなら、法律においては許されないものを必要は許されるものにするからである。ここでも同様に、必要は法律をもたないのだ」。しかしながら、それがどのような意味に解されるべきかは、ミサの執り行い方に言及したグラティアヌスのそれに続く本文（第三部第一区分第一一章）からよりよく理解される。犠牲は祭壇の上か聖化された場所の上に捧げられるべきであることをはっきりさせたあと、グラティアヌスは次のように付け加えている。「執り行うべきでない場所でミサを執り行うくらいなら、ミサ曲を歌ったり聴いたりしないほうがまだ望ましい。ただし、そのことが最高度の必要のためにかなわない場合には、そのかぎりではない。必要は法律をもたないからである」。許されないものを許されるものにする以上に、ここでは必要は、特異で個別のケースにおける違反行為を、例外であるということによって正当化するものとして機能している。

このことは、トマス・アクィナスが『神学大全』のなかで、まさしく法律を免除する君主の権限との関連で展開し、この原則について注釈しているさいの論法において明らかである（第二－一部第九六問第六項「法律に服従している者が法律の言葉に逆らって行為することは許されるか」）。「法律を字句どおりに守ることが、ただちに対処することを要するような突発的な危険をともなうものでなければ、国にとって何が有益であり、何が有益でないかを解釈する権限は、だれにでも委ねられているわけではない。この権限は、このような場合に法律を免除する権威を有するところの君主にのみ属する。けれども、危険が突発的なものであって、上長に伺いをたてる余裕がない場合には、その緊急性・必要性そのものがそれにともなって免除をもたらすのである。というのも、必要は法律に服するものではないからである」。

必要の理論は、ここでは、その効力によって個別の事例が法律遵守の義務から解放されるような、免除（dispensatio）の理論以外の何ものでもない。必要は、法律の源泉ではないし、まして本来の意味では法律を停止するものでもない。それは、規範の字義どおりの適用から個別の事例を解放することに限定されている。「緊急な事態にさいして法律の字句をはずれて行為する者は、当の法律そのものについて判断しているのではなく、むしろ個別的な場合について判断しているのである」。例外の究極の基礎をなしているのは、ここでは必要性・緊急性ではない。そうではなくて、「法律はすべて人々の共同の福祉のために命じられるのである。そして、このためにこそ法律としての力と根拠理由を有するのである。もしこの点において欠けるところがあるなら、それは拘束力をもたない」とする原則が究極の基礎をなしているのである。緊急事態の場合には、法律の拘束力は弱くなる。というのも、人々の福祉という目的が緊急事態の場合には欠けることになるからである。明らかに、ここでは、ひとつの状態、法秩序それ自体の状態（例外状態あるいは必要状態）ではなく、法律の力と根拠理由が適用できないような、そのつどつどの個別的な事例が問題となっている。

ℵ 慈悲による特別免除という理由による法律の不適用の事例は、グラティアヌスの特異な一節のうちに見いだされる。その一節でこの教会法学者が主張しているところによれば、ローマ教会は、法律に違反する事実がすでに生じてしまった場合には（たとえば、ある人物が司教の職に就くことができないにもかかわらず、事実上すでに司教に叙階されてしまったような場合がそれである）、違反行為に制裁を加えることを省くことができるという。逆説的なことにも、ここでは法律は適用されない。それというのも、まさに違反行為が実際にすでになされてしまっており、しかも、それを処罰すればローマ教会にとって思わしくない結果をもたらすだろうからである。アントン・シュッツは、このテクストを分析して、正当にも次のように指摘している。「事実性によって法律の妥当性を条件づけ、法律の外にある現実とのつながりを探すことによって、彼［グラティアヌス］は、法にしか準拠しようとしない法を不可能にしてしまい、そうすることで法律体系の閉域化を防いだのだった」(Schütz, 1995, p. 120)。

中世の例外状態は、この意味においては、法体系を外的な事実へと開こうとしたものであった。いまの場合で言えば、司教の選出があたかも適法なものであるかのようにさせてしまう一種の法律上の擬制(fictio legis)なのであった。これに対して、近代の例外状態は、事実と法=権利とが合致するような未分化の領域を創り出すことによって、例外それ自体を法秩序のなかに包摂しようという試みなのである。

ℵ 例外状態についての暗黙の批判が、ダンテの『帝政論』のうちに見いだされる。ダンテは、ローマが世界に支配権を獲得したのは暴力によってではなく、法によってであったことを証明しようとして、法なしに法の目的(すなわち共通善)を獲得することは不可能であること、したがって「法の目的を達成することを志す者はだれであれ、法にのっとって事を進めなければならない」ことを主張している(二・五・一九—二〇)。法の停止が共通善にとって必要なものでありうるという考えは、中世の世界にとっては無縁なものであったのだ。

1-10 近代の法学者たちの登場とともに初めて、必要状態は法秩序のうちに包摂され、正真正銘の法律上の「状態」として立ち現れるにいたる。必要は法律が自らの拘束力を失うような特異な状況を定義するという原則——これが“necessitas legem non habet”〔必要は法律をもたない〕という格言の意味である——が、必要はいわば法律の究極的な基礎と源泉それ自体を構成するという原則に反転するのである。このことは、ある国家の他の国家に対する国民的利害をそうしたかたちで——プロイセンの宰相ベートマン＝ホルヴェークが使い、ヨーゼフ・コーラーが同名の著書（Kohler, 1915）において取りあげた「必要は法律を知らない」（Not kennt kein Gebot）の定式のように——正当化することを提案していた一連の法学者たちにとってだけではなく、例外状態において執行部が布告する、法律の力をともなった政令の妥当性の基礎を必要のうちに見いだす、ゲオルク・イェリネク〔一八五一—一九一一〕からレオン・デュギ〔一八五九—一九二八〕にいたるまでの一連の法学者たちにとっても、真実なのだ。

こうした展望のもとでサンティ・ロマーノの極端な立場を分析するのは興味深いことである。戦間期のヨーロッパ法思想に多大な影響をあたえ、必要を法秩序にとって外的ではないものとみなしただけではなく、法律の第一にして原初的な源泉とみなした法学者である。ロマーノは、二種類の論者を区別することから始める。一方の論者たちは、必要というのはひとつの法律上の事実であり、そのようなものとして、究極的には現におこなわれている立法と法の一般原則に基礎を置いた国家の主体的権利であるとさえ考えている。他方の論者たちは、必要というのはたんなる事実であるにすぎず、したがって必要に基礎を置いたさまざまな例外的権限は立法体系のうちにいかなる基礎ももたないと考えている。しかしまた、双方の立場とも、法＝権利（diritto）を法律（legge）と同一視している点では見解を同じくしているが、ロマーノに言わせれば、これは間違いである。双方の立場とも、法＝権利の本来の源泉は立法活動を越えたところに存在することを否認しているからである。「ここで問題になっている必要というのは、少なくとも通則としては、またすでに達成され実際上の効力をもつ仕方では、前もって確立されている諸規範によっては統制されえないものごとの条件とみなされなければならない。しかしながら、もし必要が法律をもたないとするならば、ありふれたもうひとつの表現が言うとおり、必要は自ら法律を創り出すのである。これが意味しているのは、必要それ自体が法＝権利の本来の源泉を構成するということである。（…）必要こそが法＝権利なるもの全体の第一にして原初的な源泉であって、それに比べれば他のものはある意味で派生的なものとみなされなければならないと言うことができる。（…）そして、国家がたとえば革命をつうじて事実的な手続きとして設立される場合には、卓越的な意味における法的制度すなわち国家の、また一般にその憲法秩序の起源と立法化の軌跡は、必要のうちにたどられなければならないのである。そして、特定の体制の初期段階において立証されるものは、例外としてであるにしても、また特徴こそ弱められているにしても、その特定の体制が自らの基本的諸制度を形成し規定しおえてからも、反復されうるのである」（Romano, 1909; ed. 1990, p. 362）。

ひいては、例外状態は、必要の形象であるかぎりで、――革命や憲法体制の事実的設立と並んで――「非合法的」ではあるが完全に「法的で立憲的な」手続きとして現れる。そして、それは新しい諸規範（あるいは新しい法的秩序）の生産となって具体化される。「戒厳状態はイタリアの法秩序においては法律に反するような、なんなら非合法的と言ってもよいような手続きではあろうが、しかし同時に、成文化されていない実定法、それゆえに法的で立憲的な実定法とは合致するという（…）定式は、もっとも正確かつ適宜な定式であるように思われる。必要が法律を打破することがありうるということは、論理的観点からいっても歴史的観点からいっても、必要というものの本質それ自体と、その原初的性格に由来するのである。たしかに、いまでは法律は法的規範のもっとも高度で一般的な表現になってしまっている。しかし、法律の支配がそれ本来の領域を越えて拡大していこうとするなら、そのときにはそれは行き過ぎである。成文化されえない諸規範、あるいは成文化されることが適切ではない諸規範が存在するのだ。また、不測の事態が生じないかぎり規定されえないような諸規範も存在するのだ」(ibid., p. 364)。

成文法に不文法（agrapta nomina）を対置したアンティゴネの振る舞いはここでは転倒されており、構成された秩序を擁護するために使われている。しかしながら一九四四年、いまや自国が内戦の最中にあったとき、憲法秩序の事実的な創設の問題に専念していたこの老法学者は必要の問題に立ち戻って、それを今度は革命との関連において提起する。たしかに革命はひとつの事実的状態であって、「それが転覆し破壊しようとしている国家の諸権限によっては、その手続きのなかで規制することはできない」。そして、この意味においては、定義からして、「たとえ正しいものではあっても反法律的である」(Romano, 1983, p. 222)。しかしながら、革命が反法律的なものとして立ち現れるのは、「それに抗して革命が展開されている当の国家の実定法に照らしたとき」のみであって、「革命が自らを資格づけている別の視点に立てば、革命も自らに固有の法によって秩序づけられ規制されている運動であるということを否定するものではない。このことはまた、革命も、この表現にあたえられたいまや周知の意味において、原初的な法秩序の範疇のなかに組み込まれるべきひとつの秩序であるということをも意味する。ひいては、この意味においては、またいま触れた領域に限定すれば、革命の法=権利なるものについて論じることができるのである。近年の、さらには最近年のものも含めて、もっとも重要な革命が呈してきた展開を検証することは、わたしたちが展望してきたテーゼ、しかも一見すると逆説的にみえるテーゼの証明にとってきわめて興味深いものとなるだろう。そのテーゼとは、革命は暴力であるが、法的に組織された暴力である、というものである」(ibid., p. 224)。

このようにして必要状態は、例外状態という形態でも革命という形態でも、両義的で不確定な地帯として立ち現れる。そこでは、それ自体としては法律にとって外部的なものであるか反法律的なものである事実的手続きが法＝権利に移行し、法律的諸規範が規定性を失ってたんなる事実になってしまう。つまり、必要状態というのは、そこにおいては事実と法＝権利とが決定不能なものに転化してしまうようにみえる閾なのだ。例外状態においては事実が法＝権利に転換するということがこれまで効果的に言われてきたとすれば――「緊急事態というのはひとつの事実的状態であるが、ここでは「事実から法＝権利は生まれる」（e facto oritur ius）という箴言がぴったり当てはまる」（Arangio-Ruiz, 1913; ed. 1972, p. 582）――、その反対、すなわち、例外状態においては、法＝権利が停止され、事実へと消え去ってしまうような逆向きの運動も作動しているということもまた、真実なのである。いずれにせよ、本質的なことは、事実（factum）と法＝権利（ius）が互いのうちへと消え去ってしまうような決定不能性の閾が生み出されるということである。

ここから、必要を定義しようとするあらゆる試みは不首尾に終わることにならざるをえないというアポリアが生じてくる。もし必要上の措置がすでに法律的な規範であってたんなる事実ではないとするならば、どうして――サンティ・ロマーノが（また彼とともに法学者たちの大半が）不可欠だと考えているように――それは法律をつうじて承認され認可されなければならないのだろうか。もしそれがすでに法＝権利であったのなら、どうして立法諸機関によって承認されなければ一時的な効力しかもちえないものになってしまうのだろうか。反対に、もし必要上の措置がそのようなものではなくて、たんなる事実にすぎないとするならば、どうして承認の法的結果が、それが法律に転換された瞬間からではなく、遡及して（ex tunc）効力をもつようになるのだろうか。デュギが正しくも指摘しているように（Duguit, 1930, p. 754）、遡及性というのはあくまでも擬制であり、承認もその結果を生み出せるのは承認が生じた瞬間からのことなのである。

しかしながら、必要状態の理論がそれにぶつかったとたん最終的に難破せざるをえなくなる究極のアポリアは、必要なるものの本性それ自体にかかわっている。必要を論者たちは多かれ少なかれ無自覚のうちに客観的な状況というように考えつづけている。そこでは、自らが問題視してきたはずの当の純粋事実性が前提にされているのだ。このような素朴な観念に対しては、必要なるものは客観的な与件として現れるどころか、明らかに主観的な判断を含んでおり、必要かつ例外的な状況というのはあくまでも必要かつ例外的であると宣言される状況のことでしかないということを証明しようとする法学者たちの批判は十分な適宜性を有している。「必要という概念はまったくのところ主観的な概念であって、達成したいとおもっている目的と相関的な関係にある。必要がある所与の規範の公布を命じることがあるかもしれない。そうしなければ現存する法秩序が破壊される恐れがあるからという理由によってである。しかし、その場合でも、現存秩序が保護されなければならないという点での合意が存在している必要がある。

革命運動の側から、新しい要求に反する現行の諸制度を廃止するための新しい規範の必要性が宣言されることがあるかもしれない。しかし、この場合にも、現存秩序は新しい要求に敬意を表するかたちで転覆されなければならないと考える点で意見が一致している必要がある。どちらのケースでも(…)必要への訴えかけは道徳的あるいは政治的な(あるいは要するに法律にとっては外的な)ひとつの価値評価を含んでいるのであって、そうした価値評価にもとづいて法秩序は判断されるのであり、たとえ場合によっては侵犯という代償を払ってでも保存ないしは強化するにふさわしいとみなされるのである。したがって、必要の原則は、いついかなる場合でも、つねに革命的な原則なのである」(Balladore-Pallieri, 1970, p. 168)。

このように、例外状態を必要状態に解消しようという試みは、説明されなければならないはずの現象の、同様にしてかつより深刻なアポリアに突き当たるのだ。必要が究極的にはあるひとつの決定に還元されてしまうだけでない。それが決定する当のものが、実際には、事実と法=権利とのあいだにあって決定不能なものなのである。

ℵ　その著作のなかで何度もサンティ・ロマーノに言及しているシュミットは、ロマーノが法の原初的な源泉としての必要のうちに例外状態の理論を基礎づけようと試みていたことを、ほぼ間違いなく知っていた。例外について決定するものとしての主権というシュミットの理論は、ロマーノが必要を法秩序の原初的形象として認めていたのにただちになぞらえることのできるような、本来的な意味での基礎的な位置を必要状態（Notstand）にあたえている。さらにシュミットは、法＝権利は法律に完全には吸収されえないという考えをロマーノと共有している（シュミットがまさに自由主義的な法治国家への批判というコンテクストのなかでロマーノを引用しているのは偶然ではない）。しかしながら、ロマーノが国家と法＝権利とを完全に同一視し、ひいては憲法制定権力という概念にはいかなる法的重要性も認めなかったのに対して、シュミットは、例外状態のうちにはっきりと国家と法＝権利とが互いの還元不可能な差異を示す瞬間を見いだしており——例外状態においては「法は失われるが、国家は依然として存続する」（Schmitt, 1922, p. 39）——、こうして憲法制定権力（pouvoir constituant）のうちに例外状態の極限的な形象、すなわち主権独裁の概念を確立することをなしえているのである。

1‐11　幾人かの論者によれば、例外状態においては「裁判官は通常の時期に法体系の欠缺を埋めるのと同じようにして危機の実定法を練りあげる」（Mathiot, 1956, p. 424）という。こうして例外状態の問題は、法学理論において特別の関心をひくひとつの問題、すなわち法における欠缺という問題と関連させられる。少なくともナポレオン法典の第四条（「法律の沈黙や曖昧さあるいは不十分さという口実のもと、判決をくだすことを拒否する裁判官は、裁きを拒絶するという罪を犯しているかぎりにおいて、訴追されうる」）以来、近代の法体系の大部分において、裁判官は法律に欠缺がある場合でも判決をくだす義務を有している。法律は欠缺を有しうるが、法＝権利は欠缺を認めないとする原則からの類推で、例外状態も公法におけるひとつの欠缺というように解釈され、執行権力がその救済策を講じる義務を有するとされるのである。司法権力にかかわる原則が、こうして執行権力に拡張されるのだ。

　けれども、よく見てみると、ここで問題になっている欠缺とは何に由来するものなのか。本来の意味での欠陥＝穴のようなものが本当に存在するのか。ここで言われている欠缺は、裁判官によって補充されるべき立法文書における欠落にかかわるものではない。それはむしろ、法秩序の存在を保証するためになされる現行の法秩序の停止と関係しているのだ。例外状態は、規範の欠缺に対応するためにではなく、規範の存在と通常の状況へのその適用可能性を救済する目的で、法秩序のなかにひとつの擬制的な欠缺を開示しようとするものとして現れるのである。欠缺は法律に内在しているのではなくて、法律と現実との関係、法律の適用可能性それ自体と関係したものなのだ。それはあたかも規範の定立とその適用とのあいだに位置する本質的な断層、そして、極限的な場合には、例外状態をつうじてのみ、言いかえれば、適用は停止されているが法律そのものは効力をもった状態にとどまっているようなひとつの地帯を創出することをつうじてのみ埋めることができる断層が、法＝権利には含まれているかのようである。

第2章　法律-の-力

2-1　例外状態の理論を構築しようというもっとも厳密な試みは、カール・シュミットによって、基本的には『独裁』〔一九二一年〕とその一年後に出た『政治神学』〔一九二二年〕においてなされた。一九二〇年代初頭に刊行されたこれら二つの著作は、現在もアクチュアルでありつづけているだけではない。それどころか、まさに今日その十全な発展を達成するにいたったひとつのパラダイム――「統治の形式」(Schmitt, 1921, p. 151)――を、いってみれば関係当事者ならではの予言力をもって記述している。だから、ここで例外状態に関するシュミットの学説の基本的テーゼを陳述しておく必要がある。

まずもっては、用語上のいくつかの指摘をしておきたい。一九二一年の著作〔『独裁』〕においては、例外状態は独裁という形象によって提示されていた。しかしながら、自らのうちに戒厳状態を含むこの形象は、本質からして「例外状態」なのである。そして、「法の停止」として現れるかぎりで、ひとつの「具体的な例外」の定義の問題に還元される。これは「これまで法の一般理論によってはしかるべき考察に付されてこなかった問題」である（ibid., p. xvii）。例外状態がこのようにしてそのコンテクストのうちに書きこまれた独裁は、その後、現行の憲法を擁護ないしは再建する目的をもつ「委任独裁」と、例外の姿をとっていわば自らの臨界質量あるいは自らの融点に達する「主権独裁」とに区分される。『政治神学』においては、このようなわけで「独裁」ならびに「戒厳状態」という用語は姿を消してしまってもかまわないのであり、その場所には「例外状態」（Ausnahmezustand）という用語が取って代わる。その一方で、少なくとも一見したかぎりでは、強調点は例外の定義から主権の定義に移行している。したがって、シュミット学説の戦略は二つの部分からなっているのであって、その節合の態様と目的を明確につかみとることが肝要となるだろう。

理論の目的は、どちらの著作においても、例外状態を法的コンテクストのうちに書きこむことである。シュミットは、例外状態が「法秩序全体の停止」（Schmitt, 1922, p. 18）を実現するものであるかぎりで「法のいかなる考慮をも免れている」（Schmitt, 1921, p. 137）ように思われること、それどころか、「その事実上のあり方においては、すなわち、その内的な実質においては、法という形式に近づくことはできない」（ibid., p. 175）ということを完全に知っている。それでもなお、彼にとっては、法秩序とのなんらかの関係が保証されているということが、なにはともあれ肝腎なのである。「独裁は、委任型であろうと主権型であろうと、法的コンテクストへの指示を含意している」（ibid., p. 139）。「例外状態は無秩序および混沌とは別物なのであって、法律学的意味においては、たとえ法秩序ではないにしても、そこにはなおひとつの秩序が存在しているのである」（Schmitt, 1922, pp. 18 ff.）。

シュミット理論に特有の能力は、まさに例外状態と法秩序とのあいだのそうした節合を可能にする能力にほかならない。それは逆説的な節合である。というのも、法のなかに書きこまれるべきものは本質からして法の外部にある何ものか、言いかえれば法秩序そのものの停止以外の何ものでもないからである（ここから、「法律学的意味においては、たとえ法秩序ではないにしても、そこにはなおひとつの秩序が存在しているのである」というアポリア的な定式が出てくるのである）。

このようにひとつの外部を法のうちに書きこむ操作をしているのは、『独裁』においては、委任独裁にとっての法規範と法実現（Rechtsverwirklichung）規範とのあいだの区別であり、主権独裁にとっての自らを憲法へと構成する権力と憲法へと構成された権力とのあいだの区別である。実際にも、委任独裁は、「憲法を具体的に停止することによって、憲法の存立を防衛しようとする」（Schmitt, 1921, p. 136）ものであるかぎりにおいて、究極的には「法の適用を可能にする」（ibid.）事態を創り出すという機能を有している。委任独裁のうちで憲法はその適用に関しては停止されうるが、「このことによって効力を失うことはない。というのも、停止はもっぱら具体的な例外を意味しているにすぎないからである」（ibid., p. 137）。理論の次元においては、委任独裁はかくして規範と規範の実現を差配する実践技術的な諸規則とのあいだの区別に全面的に包摂されてしまうのである。

主権独裁の状況はそれとは異なっている。主権独裁は、現行の憲法を「それのなかで観想されており、ひいてはそれ自体が憲法的なものであるひとつの法にもとづいて」停止することによって自らを限定してはおらず、むしろ新しい憲法を課することが可能になるような事態を創り出すことを狙っている。例外状態を法秩序のうちに繋留することを可能にする操作をしているのは、この場合には、自らを憲法へと構成する権力と憲法へと構成された権力とのあいだの区別である。しかしまた、自らを憲法へと構成する権力は「純粋かつ単純な力の問題」ではない。そうではなくて、それはむしろ、「憲法によって構成されたものではないにもかかわらず、あらゆる現行憲法とのあいだで、それを根拠づける権力として立ち現れるような連関、（…）かりに現行憲法がこの権力を否定したとしても、それによって否定されることはありえないような連関を有する権力」（ibid.）なのである。法律学的には「無定形」（formlos）でありながらも、この権力は政治的に決定的なあらゆる行動のうちに書きこまれた「最小限度の憲法」（ibid., p. 145）

を代表しているのであって、だからこそ主権独裁にも例外状態と法秩序とのあいだの関係を保証することができるのである。

ここには、なぜシュミットが序文において「委任独裁と主権独裁とのあいだの主要な区別」を、独裁の概念を「法の科学においてついに論述しうるものにする」「本書の実質的な成果」として提示しえたのか（ibid., p. xviii）、その理由が明確に示されている。実際にも、シュミットが眼前にしていたのは、彼が倦むことなく告発しつづけた二つの独裁の「混同」と「結合」（ibid., p. 215）であった。しかしながら、プロレタリアートの独裁に関するレーニンの理論と実践にしても、ヴァイマル共和国において例外状態の活用が激増したことにしても、それらは古い委任独裁のかたちをとったものではなくて、法的‐政治的秩序の存立それ自体を問題視しかねない危険をはらんでおり、それらと法との関係をなんとしてでも救済することこそがまさにシュミットにとって重要であったような、何か新しくてより極限的なものなのであった。

これに対して、『政治神学』においては、例外状態を法秩序のうちに書きこむ操作をしているのは、法の二つの基本的要素のあいだの区別、すなわち規範（Norm）と決定（Entscheidung, Dezision）とのあいだの区別である。これはすでに一九一二年の著作『法律と判断』において提示されていた区別でもある。例外状態は、規範を停止することで、「決定という特殊に法律学的な形態要素を絶対の純粋さにおいて開示する（offenbart）」（Schmitt, 1922, p. 19）。規範と決定という二つの基本要素は、こうしてそれぞれの自律性を示すのだ。「通常の場合には決定という自律的要素が最小限に抑えられうるのとまったく同様に、例外の場合には規範が無と化す（vernichtet）。それでもなお、例外の場合も法律学的認識の対象でありつづける。それは、両要素とも、すなわち規範も決定も、法律学的なものの枠内に（im Rahmen des Juristischen）とどまっているからである」（ibid.）。

　ここにいたって、なぜ『政治神学』においては例外状態の理論が主権の学説として提示されうるのか、その理由が理解される。例外状態に関して決定することのできる主権者は、例外状態を法秩序に繋留することを保証するのである。しかしながら、ここでは決定は規範の無化そのものにかかわっているかぎりで、すなわち、例外状態というのは外でも内でもないひとつの空間（規範の無化と停止に対応する空間）を包含し捕捉することであるかぎりで、「主権者は、通常の状態において効力を発揮している法秩序の外にある（steht ausserhalb）が、しかしまた、憲法が全体として停止されうるかいなかの決定に責任を負っているために、その秩序に属している（gehört）のである」（ibid., p. 13）。

　法秩序の外にあり、しかしまた法秩序に属している。これこそは例外状態の位相幾何学的な構造である。そして、例外に関して決定する主権者は、本当を言えば、論理的にみて、自らの存在においてこの構造によって定義されているからこそ、主権者自身もまた、脱却-所属という撞着語法によって定義されうるのである。

ℵ　例外状態を法＝権利のうちに書きこもうという、こうした複雑な戦略に照らすことによってこそ、『独裁』と『政治神学』との関係は理解されなければならない。総じて、法学者たちや政治哲学者たちは自らの関心をとりわけ一九二二年の著作〔『政治神学』〕に含まれている主権の理論に向けてきたが、主権の理論がその意味を獲得するのはもっぱらすでに『独裁』において練りあげられていた例外状態の理論を基礎にすることによってであるということを考慮してこなかった。シュミットの主権概念の地位と逆説は、すでに見たように、例外状態に由来するのであり、その逆ではない。そして、シュミットがまず一九二一年の著作〔『独裁』〕やそれに先立つ論考において例外状態の理論と実践を定義し、その次の段階になって初めて『政治神学』において主権についての彼の理論を定義したというのは、たしかに偶然ではないのである。彼の主権理論が例外状態を法秩序にきっちりと繋留させようとする試みを代表していることは疑いない。しかしながら、この試みは、もし例外状態がまえもって独裁の用語系と概念構成に節合されていなかったとしたら、そしてローマの裁判官〔サンティ・ロマーノ〕への言及をつうじて、さらには法規範と法の実現規範とのあいだの区別を借りることによって、いわば「法律学化」されていなかったとしたら、不可能だっただろう。

ℵ　カール・シュミットは、『独裁』のなかで、そしていっそう用心深くは『憲法論』のなかで、自らを憲法へと構成する権力と憲法へと構成された権力との対置と、スピノザ的な産出する自然（natura naturans）と産出された自然（natura naturata）との対置のあいだに類比関係をうち立てている。「自らを憲法へと構成する権力と憲法へと構成された権力との関係は、産出する自然と産出された自然との関係のうちに完全な体系的ならびに方法論的類比を見いだす。そして、もしこの考え方がスピノザの合理主義的体系にも取り入れられているとするならば、このことはまさしくスピノザの体系がたんなる合理主義的体系ではないことを立証しているのである」（Schmitt, 1921, p. 142）。しかし、実をいえば、類比は見かけ上そう見えるだけにすぎない。実際には自らを憲法へと構成する権力と憲法へと構成された権力とは切り離されており、前者は後者への関係において絶対的に超越的な立場にあるのに対して、スピノザにおいては、産出する自然と産出された自然との関係はこれまた絶対的に互いが互いに内在しているという関係なのである。スピノザは様態（すなわち産出された自然）が神のうちにあると（そしてまた運動と知性という二つの普遍的様態について述べているように、様態は神とともに永遠であると）はっきり主張しているだけでない。スピノザはまたスコラ学者をも批判している。なぜなら、かれらは産出する自然の超越性を主張するからである。産出する自然は、かれらにとっては「あらゆる実体の向こう側に」存在しているのだ（スピノザ『神、人間およびその幸福に関する短論文』第一部第八章）。ところで、憲法へと構成された権力が自らを憲法へと構成する権力の内部にあらゆる永遠性をそなえて存在しているということは、シュミット理論の——またすでに見たように、自らを憲法へと構成する権力はすでになんらかの仕方において法的存在でありながら法的秩序を超越しているという擬制に基礎をおいたあらゆる理論の意味を空無化してしまうだろう。

2－2　例外状態についてのシュミットの学説は、法の総体のうちに一連の句切れや分割を設けながら進行する。それらの両極端は互いに還元不可能である。しかしまた、それらは、分節と対立をつうじて、法という機械が機能するのを可能にするのである。

法規範と法の実現規範、規範とその具体的適用とのあいだの対立を取りあげてみよう。委任独裁が示しているのは、適用の契機は規範それ自体に対しては自律的であるということ、そして規範は「停止されることができるが、このことによって効力を保ったままでいることを止めはしない」（Schmitt, 1921, p. 137）ということである。すなわち、委任独裁というのは、法律は適用されないが効力を保ったままでいるような法律の状態を表しているのである。これに対して、古い憲法はもはや存在せず、新しい憲法のほうは自らを憲法へと構成する権力の「最小限度」の形態をとって立ち現れているにすぎないといった状態である主権独裁のほうは、法律は適用されるけれども形式上は効力をもたないような法律の状態を表しているのだ。

さて、今度は規範と決定とのあいだの対立を取りあげてみよう。シュミットが示しているのは、決定はある規範の内容から余すところなく（restlos）演繹されることはけっしてないという意味において、規範と決定とは互いに還元不可能なものであるということである（Schmitt, 1922, p. 11）。例外状態に関する決定のなかでは、規範は停止される。あるいは端的にいって無化される。しかしながら、この規範の停止において問題となっているのは、ここでもまた、規範の適用を可能にするような状況を創出することなのである——「法的規範が有効となる（gelten）ことのできるような状況が創り出されなければならない」（ibid., p. 19）。すなわち、例外状態が規範をその適用から分離するのは、規範の適用を可能とするためなのだ。あくまで、現実的なものの効果的な規範化を可能にするためにこそ、例外状態はアノミーの地帯を法のうちに導入するのである。

こうしてわたしたちはシュミット学説における例外状態を規範とその適用とのあいだの対立が極点にまで高まった場所というように定義することができる。例外状態というのは、形式的効力の最小限が現実的適用の最大限と合致し、その逆もまた真であるような、法的緊張の場なのだ。しかしながら、こうした極限的な地帯においても、いや、まさにそうした地帯のおかげで、法の二つの要素はそれらの内的な結束力を示すのである。

ℵ 言語活動と法とのあいだの構造的類似性がここでは啓発的である。言語を構成する諸要素が現実的なデノテーション〔外示〕をなんらもつことなくラングのなかに存続していて、発話中のディスクールにおいてのみデノテーションを獲得するのと同様に、例外状態においても、規範は現実へのなんらの指示もないままに効力を保っている。しかしながら、何ものかをラングとして前提することをつうじてこそ、具体的な言語活動は理解可能となるように、例外状態における適用の停止をつうじてこそ、規範は通常の状況へかかわることができるのである。

一般的に、言語や法のみならず、すべての社会的制度は、現実的なものへ直接に言及するなかで遂行される具体的な実践を脱意味論化したり停止したりすることをつうじて形成されるのだと言うことができる。文法がデノテーションをもたない語りを生み出すことによってディスクールからなにかラングのようなものを独立させたように、また法が諸個人の実践や具体的習性を停止することによってなにか規範のようなものを独立させることができたように、あらゆる領域において、文明化という辛抱強い活動は人間の実践をその具体的な行使から分離し、そうすることで、レヴィ＝ストロースがその最初の発見者となったデノテーションに対する指示記号作用《シグニフィケーション》の過剰を創り出しながら進行していくのである。この意味では、過剰なシニフィアン〔指示記号〕という、二〇世紀の人間諸科学において水先案内人の役割を果たしていることの概念は、規範が適用されることなく効力を保つという例外状態に対応している。

2-3 ジャック・デリダは、一九八九年、ニューヨークのカードーゾ・ロー・スクールで「法律の力――権威の神秘的基礎」と題する講演をおこなった。この講演は実際にはベンヤミンの「暴力批判論」を読解してみせたものであったが、哲学者たちのあいだでも法学者たちのあいだでも広範な論議を巻き起こした。しかしながら、講演のタイトルがテクストにあたえている一見すると謎めいた定式を分析しようと試みた者が皆無であったという事実は、哲学的文化と法学的文化とのあいだに分離ができあがってしまったことを示しているだけではなく、法学的文化が衰退してしまっていることをも示している。

「法律の力」という語句の背後にはローマ法と中世法における長い伝統がひかえており、そこでは――少なくとも『学説彙纂』一・七の「法律について」における「法律の力とは、次のこと、すなわち、命令すること、禁止すること、許可すること、処罰することである」以来――それは義務づけの効力という一般的な意味をもっている。しかしながら、近代に入って初めて、フランス革命のコンテクストのもとで、それは人民代表議会によって表明される国家的決定という至上の価値を指示するものになり始めるのである。一七九一年憲法の第六条では、

「法律の力」（force de loi）というのは、法律は主権者に対しても不可侵であって、主権者といえども、その力を廃止することも修正することもできないということを示したものであると規定されている。この意味においては、近代の学説は法律の効力（efficacia della legge）と法律の力（forza di legge）を区別しているのである。前者は有効なあらゆる立法行為に絶対的な仕方でそなわっており、その本領はもろもろの法律的効果を生み出すことのうちにある。これに対して、後者は相対的な概念であって、法律より優位にあるか（憲法の場合のように）、法律より劣位にある（執行部によって発せられるさまざまな政令や規定のように）力を付与された、他の秩序づけのための決定に対して、法律ないしは法律と同等にあつかわれる決定の地位を表現している（Quadri, 1979, p. 10）。

けれども、決定的であるのは、法技術的な意味においては、「法律の力」という語句は、近代の学説においても古代の学説においても、法律を指示したものではなくて、執行権力がいくつかの場合において——それもとりわけ例外状態において——布告することを認可されているような、——まさしく、言われているように法律の力をもった——一連の政令を指示したものであるということである。すなわち、法の専門的用語としての「法律の力」という概念は、規範の拘束力（vis obligandi）あるいは適用可能性をその形式的本質から分離し、形式上は法律でない政令や措置や方策がそれでもなお法律の「力」を獲得するようにすることを定義しているのである。こうして、ローマにおいて法律として通用する傾向をしだいに強めつつあるもろもろの決定を布告する権限を君主が手に入れはじめたとき、ローマの法学説はこれらの決定は「法律の力」(vigor legis)をもつと言ったのだった(ウルピアヌス、『学説彙纂』一・四・一――「君主の意に沿うものは法律の力をもつ」。これと似たような表現で、ただし法律と君主の勅令との形式的区別を強調して、ガイウスは「法律の代理を務めること」と書いており、ポムポニウスは「法律の代わりに奉仕すること」と書いている)。

例外状態について論じるなかで、わたしたちは執行権力による法的諸決定と立法権力による法的諸決定とのあいだのこうした混同の数多くの例に出会ってきた。それどころか、こうした混同こそは、すでに見たとおり、例外状態の本質的な性格のひとつを定義するものなのである。(その極限的な事例はナチス体制である。そこでは、アイヒマンが飽きもせずに繰り返していたように、「総統の言葉は法律の力(Gesetzeskraft)をもっている」のであった)。しかしながら、法技術的な観点からすると、例外状態に特有の能力は、これまであまりに強調されすぎてきた感のある諸権力の混同にあるというよりも、「法律-の-力」を法律から独立させることにあるのである。例外状態というのは、一方では、規範が効力はもつが適用はされず(「力」をもたず)、他方では、法律の価値をもたない諸決定が法律の「力」を獲得するような「法律の状態」のことにほかならない。すなわち、極限的な場合には「法律-の-力」は無規定の要素として浮遊するのであって、それは（委任独裁としてふるまう）国家当局によっても（主権独裁としてふるまう）革命組織によっても要求されうるのである。例外状態というのは、法律なき法律－の－力（これはしたがって~~法律~~－の－力と書かれるべきだろう）が賭け金となっているようなアノミー的な空間なのだ。潜勢力と現勢態とが根本的に分離される場であるそのような「~~法律~~－の－力」は、たしかに、なにか神秘的な要素である。あるいはむしろ、法がアノミーそのものと合体しようとするさいの手立てとなるひとつの擬制（fictio）である。しかしながら、そうした「神秘的な」要素を考えることがどうすれば可能になるのか、またそうした要素が例外状態においてどのようにふるまうのか、これこそまさに解明に努めることが必要となる問題なのである。

2－4　適用の概念が、法学理論の、そして法学理論だけでなく他の理論にとっても、もっとも問題的な諸範疇のひとつであることは間違いない。この問題は、判断力というのは個別的なものを一般的なもののなかに含まれたものとして考える能力であるととらえるカントの学説を参照基準とすることによって、誤った道に置かれてきた。こうして、ある規範の適用は規定的判断力の一事例であるということになってしまうのであって、そこでは一般的なもの（規則）がまずあたえられていて、それに個別的な事例を包摂することが問題となるのである（これに対して、反省的判断力においては個別的なものがまずあたえられていて、そこから一般的な規則を見いだすことが問題となる）。たとえカント自身は問題のアポリア的性格と判断力の二つの類型のあいだで具体的に決断をくだすことの困難さを完全に自覚していたとしても（規則を言表することが不可能な場合としての実例についてのかれの学説がその証拠である）、ここでは事例と規範との関係が純粋に論理的な操作として提示されており、それが誤解を生む原因となっているのである。

ここでもまた、言語活動との類似性が啓発的である。一般的なものと個別的なものとのあいだの関係においては（ある法規範の適用の場合であればなおさらのこと）、たんに論理的な包摂だけではなく、なによりもまず、たんに仮想的なものでしかない指示対象をそなえているにすぎない一般的な命題から、現実の一断片への具体的な指示へと移行していくことが問題となるのだ（すなわち、それは言語活動と世界とのあいだに現に立ち現れている関係の問題以外の何ものでもないのである）。こうしたラングからパロールへの移行、あるいは記号論的なものから意味論的なものへの移行は、なんら論理的な操作ではない。そうではなくて、いかなる場合にも、それは実践的な活動を含意している。すなわち、ひとりのあるいは複数の話す主体によるラングの採用と、バンヴェニストが言表機能と定義した、しばしば論理学者たちが過小評価しがちな例の複雑な装置の実行を含意しているのである。法規範の場合でいえば、具体的な事例への指示はあるひとつの「過程」を前提としている。そして、それはつねに複数の主体を巻きこんでおり、究極的には、あるひとつの文言、すなわち、現実へのその操作的な指示が制度的諸権力によって保証されているようなあるひとつの言表内容の発話において、頂点を迎えるのである。

したがって、適用の問題を正しく設定するためには、適用があらかじめ論理的な領域から実践の領域に移行していることが要請される。それだけではなく、ガーダマーが示したように（Gadamer, 1960, pp. 360, 395）、あらゆる言語的解釈は、実際にはつねに、効果的な操作を要求するひとつの適用なのである（このことを神学的解釈学の伝統は、ヨーハン・A・ベンゲルが彼の編纂した新約聖書のまえがきに掲げたモットー「汝自身のすべてをテクストに適用せよ、テクストのすべてを汝自身に適用せよ」のうちに要約している）。しかしながら、法の場合には、まったくもって明白なことにも――そしてこの明白さをシュミットはもののみごとに理論化してみせたのだったが――、ある規範の適用は規範そのもののうちにはいかなるかたちでも含まれておらず、規範から導出することもできない。そうでなければ、訴訟法の壮大な体系を創り出す必要などなかったはずであろう。言語活動と世界とのあいだにおいてそうであるのと同様に、規範とその適用とのあいだにも、一方から他方を直接に派生させることを可能にするような内的な連関はいっさい存在しないのだ。

この意味では、例外状態というのは、そこにおいて適用と規範が互いの分離を提示しあい、ある純粋な~~法律~~-の-力によって、その適用を停止されていたある規範を実現する——すなわち、適用を停止することによって適用する（applicare dis-applicando）——ことがなされるようなひとつの空間が開かれている状態である。このようにして、規範と現実の不可能な結合、そしてその結果としての規範的な領域の創出が、例外という形態において、すなわち、それらの連関を前提することをつうじて、操作されるのである。このことは結局のところ、ある規範を適用するためにはその適用を停止し、ひとつの例外を創り出す必要があるということを意味している。いずれにせよ、例外状態は、論理と実践が互いを決定不能状態にし、ロゴス〔言葉〕をもたない純粋の暴力がいかなる現実的指示対象ももたない言表内容を実現するふりをしている、ひとつの閾の存在を印づけているのである。

第3章　ユースティティウム

3-1　ローマ法に、近代の「例外状態」（Ausnahmezustand）の元型とみなしうるにもかかわらず——というか、おそらくはまさにそのゆえに、法史学者たちや公法の理論家たちからは十分な注意を受けてこなかったように思われるひとつの制度がある。ユースティティウム（iustitium）〔法の停止〕という制度がそれである。それは例外状態をそのパラダイム的な形式において観察することを可能にしてくれる。だから、それをここでは、例外状態についての近代の理論が解決することができないでいるさまざまなアポリアを解こうとする試みのための、ミニチュアサイズのモデルとして利用しようと思う。

元老院は、もし国家を危機に陥れるような状況についての情報をつかんだなら、最終元老院決定（senatus consultum ultimum）を布告して、コーンスル〔統領〕たちに——あるいはローマにおいてコーンスル代行を務めていた人びと、すなわち摂政王や前コーンスルで属州の総督に任命されていた者たちに――、そして時には法務官たちや護民官たちにも、そして最後の場合には全市民に、国家の救済のために必要とみなされるならどんな手段でもとるよう要求していた。この元老院決定は、その基礎に、ローマが動乱（tumultus）（すなわち、ローマにおいて対外戦争や蜂起あるいは内戦の結果生じた緊急の状況）に陥ったことを宣言し、通常はユースティティウムの宣告をおこなう――「ユースティティウムを告示する」あるいは「ユースティティウムを通告する」――ひとつの政令を有していた。

「ユースティティウム」（iustitium）という言葉は――厳密にいえば「夏至」（solstitium）と同様の意味あいで作りあげられたものであって――字義どおりには「法の停止」を意味している。それは「法が夏至の太陽のように静止しているときをいう」と文法学者たちは語源学的に説明している。あるいは、アウルス・ゲッリウス〔一三〇頃―一八〇頃。『アッティカの夜』の著者として知られるローマの著述家〕の言葉にあるように、それは「法のほとんど休憩あるいは一種の中断のようなもの」である。すなわち、「ユースティティウム」という言葉は、たんに裁判行政の停止を意味していただけではなく、法そのものの停止を意味していたのだった。このようにもっぱら法的空白の生産を目的とする逆説に満ちた法制度の意味こそが、ここでは、公法体系学の観点からも政治哲学的な観点からも、検討される必要があるのである。

ℵ　動乱（tumultus）の概念を――とくに戦争（bellum）の概念との比較において――定義しようとする試みは、必ずしもつねに的を射たものとは言いがたいさまざまな議論を生み出してきた。これら二つの概念の連関は、すでに古代の出典、たとえばキケロの『ピリッピカ』の一節（八・一）に登場している。そのなかでキケロは「戦争は動乱がなくても起こりうるが、動乱は戦争なくしてはありえない」と主張している。明らかに、この一節が言わんとしているのは、動乱が「戦争の特殊なあるいはより強力な形態」（cf. Nissen, 1877, p. 78）であるということではない。そうではなくて、この一節は、両者のあいだに還元不可能な差異が存在することを提示したうえで、同時に両者のあいだにはあるつながりが存在すると主張しているのである。実際、動乱に関するティトゥス・リウィウスの文章を分析してみれば、動乱の原因は対外戦争でもありうる（しかしつねにそうとはかぎらない）ということ、しかしまた、この用語は法技術的にはローマにおいて戦争の結果生じた無秩序や煽動の状態を指しているということがわかる（tumultusという語は腫瘍や興奮状態を意味するtumorと同系である）。たとえば、エトルスク人との戦争における敗北の知らせは、ローマに動乱と「事実以上に大きな恐怖」を引き起こしている（リウィウス『ローマ建国史』一〇・四・二）。このように原因と結果の混同が生じていたことは、ラテン語辞典における定義を見てみれば明らかである。「いかなる突然の戦争も、危険の大きさと敵の接近のせいで、街に大きな恐怖をもたらす」（フォルチェッリーニ『ラテン語辞典』）。動乱とは、「突然の戦争」のことではなく、突然の戦争がローマに引き起こす「大きな恐怖」のことなのだ。このため、同じ用語が、別の事例では国内の蜂起あるいは内戦に由来する無秩序を指し示すこともできるのである。それらすべての事例を包含することのできる唯一可能な定義は、動乱（tumultus）を「公法の観点からみて例外的な措置の可能性が実現されるような中間休止」（Nissen, 1877, p. 76）というようにとらえる定義である。戦争と動乱とのあいだの関係は、一方では戦争と軍事的戒厳状態とのあいだに、他方では例外状態と政治的戒厳状態とのあいだに存在する関係に等しい。

3-2　ローマの国法のなかに例外状態の理論のようなものを再構築しようという試みがつねにローマ法学者たちを困惑させてきたというのも、なんら驚くには当たらない。すでに見たとおり、総じてローマの公法のうちには例外状態の規定が欠けているからである。

この意味では、テオドール・モムゼン〔一八一七―一九〇三。ドイツの歴史家〕の態度が注目に値する。彼は『ローマの国法』〔一八七四―八七年〕において、最終元老院決定とそれが前提としている必要状態に関する問題を取りあげねばならなくなったとき、正当防衛の権利のイメージに頼るしかなかったのだ（正当防衛にあたるドイツの用語“Notwehr”は、必要状態にあたるドイツ語"Notstand"を想起させる)。「共同体の防衛が危うくなるような緊急の場合には全市民が正当防衛の権利を獲得するように、共同体が危機に陥り政務機能が麻痺する場合には、国家にも、そして全市民自身にも、正当防衛の権利が発生する。それはある意味では法の外部に(ausserhalb des Rechts)位置しているものではあるけれども、少なくともそれが理論的陳述を受け付けうる程度には、この正当防衛の権利(Notwehrrecht)の本質と適用を理解可能なものにすることが必要である」(Mommsen, 1969, vol. 1, pp. 687 ff.)。

例外状態は法の外にあるという主張や、それを理論的に提示する可能性それ自体への懐疑には、歴史家というよりはむしろ体系家と評されてきたモムゼンのような才能の持ち主にしては意外なほどの逡巡と一貫性のなさが対応している。なによりもまず、彼はユースティティウムが最終元老院決定と隣接関係にあることを完全に意識していたにもかかわらず、それを必要状態に割かれた章(ibid., pp. 687-97)ではなくて裁判官たちの拒否権をあつかった章(ibid., pp. 250 ff.)で検討している。さらには、彼は最終元老院決定が本質的には内戦にかかわりのあるものであることを考慮しているし――この決議によって「内戦が宣言される」(ibid., p. 693)――、徴兵の形態が両者では異なるということも視野に入れてはいるけれども(ibid., p. 695)、動乱(tumultus)と戦争状態(Kriegsrecht〔戦時法〕)を区別しているようには見えない。『ローマの国法』の最終巻においては、彼は最終元老院決定をグラックス兄弟の統治の時代に国法体系に導入された「準‐独裁」というように定義している。そして「ローマ共和政の最後の世紀には、市民たちに戦時法を行使しようとした元老院の特権は、深刻なほどの異議申し立てを受けることはけっしてなかった」と付け加えている（ibid., vol. 3, p. 1243）。しかしながら、のちにプラウマンによって受け入れられることになる「準‐独裁」というイメージ（Plaumann, 1913）は、まったく人を誤解に導くものである。というのも、いまの場合には新しい政務機構の創出らしきものはまったく見られないだけではなく、むしろあらゆる市民が通常の法秩序というかたちでは定義されない一時的で異例の最高命令権（imperium）を付与されるように見えるからである。

この例外状態の定義において、モムゼンの明敏さは、まさに彼がその限界を示している点に表明されている。彼は、問題の権限が政務官たちの国法上の権利を絶対的に乗りこえるものであって、法‐形式的な観点からは検証されえないものであることを指摘しているのだ。彼は書いている。「もし、最高命令権（imperium）を欠いているか、あるいは名目的に所持しているにすぎない護民官や属州の総督に言及されていること自体が、すでにこの呼びかけ［最終元老院決定に含まれているもの］を自らの国法上の権利を精力的に行使するようにと政務官たちに向けられた呼びかけとだけみなすことを禁じているとしたら、このことは、ハンニバルによる攻撃によって引き起こされた元老院決定以降、すべての元独裁官、コーンスル、査定官が最高命令権を再度引き受け、敵を退けるまで維持していた事情のもとでは、さらに明確に妥当する。査定官たちにまで呼びかけがなされていることが示しているとおり、これは以前就いていた職務の例外的な延長などではない。そうであったなら、元老院からこうした形態で命じられるはずがないだろう。むしろ、これらの元老院決定は法‐形式的な観点からは判断されえないものなのである。必要こそが法をあたえるのであり、共同体の最高権威としての元老院は、必要状態（Notstand）を宣言することによって、必要な個人的防衛策を適宜講じるよう助言をあたえているにすぎないのだ」。モムゼンは、ここでひとりの民間人、スキピオ・ナシカ〔紀元前二世紀の人。青年時代、元老院により国家の最上の市民と認定された。前一九四年に法務官となる。法律家としても知られる〕の事例を想起している。スキピオ・ナシカは、最終元老院決定を執行してティベリウス・グラックスに対抗して行動することを拒否したコーンスルを前にして「国家を救済したいと願う者はわたしに従え」と叫び、ティベリウス・グラックスを殺害したのだった。「これらの必要状態における軍隊指揮官たち（Notstandsfeldherren）の最高命令権は、コーンスルたちの命令権に対して、政務官あるいは元コーンスルの命令権がコーンスルの命令権に対してあるのと多かれ少なかれ同様の関係にある（…）。ここで付与される権限は軍の指揮官にごく普通にあたえられている権限であり、それがローマを攻略する敵に対して向けられるか、叛乱を起こす市民に向けられるかは問われない（…）。そのうえ、この種の指揮権（Commando）は、たとえ表明されることがあっても、これに似た戦争の領域における必要状態指揮権(Notstandscommando)にもまして、定式化されることが少ない。そして、この戦争の領域における必要状態指揮権と同様、危険が減少するとともに、おのずと消失してしまう」(Mommsen, 1969, vol. 1, pp. 695 ff.)。

一時的な「法の外にある」命令権があらゆる市民を覆い尽くすようにみえるこの必要状態指揮権の定義において、モムゼンは彼に可能であったかぎりで例外状態の理論の定式化に接近しながらも、その手前で立ち止まってしまったのだった。

3-3　一八七七年、シュトラースブルク大学の教授、アドルフ・ニセン〔一八三五—一九〇〇〕は、『ユースティティウム——ローマ法史の観点からの一研究』を出版する。「これまでほとんど省みられないままにきたひとつの法的制度」の分析を試みたこの本は、多くの理由からして興味深い。ニセンは、ユースティティウムという用語を「法廷の休止」(Gerichtsferien)ととらえる通常の理解ではまったく不十分であること、さらに法技術的な意味では、それは「公的服喪」というもっとあとでできた意味からも区別されるべきであることをはっきりと見抜いた最初の研究者である。ユースティティウムの模範的な事例、キケロが『ピリッピカ』五・一二においてわたしたちに知らせてくれている事例を取りあげてみよう。軍勢を率いてローマに向かいつつあるアントニウスの脅威に直面したキケロは、元老院に向かって次の言葉を発した。「動乱状態にあることを宣言し、ユースティティウムを布告し、マントをまとうことが急務であるとわたしは主張する」（「マントをまとう」というのは、おおよそ、市民たちが日常の上着を脱いで、戦闘の準備をしなければならない、という意味である）。ここでユースティティウムを「法廷の休止」と訳したのではまったく意味をなさなくなってしまうということ、それはむしろ、例外状態に直面して、法律が政務官たちの行動に課しているさまざまな制約（とりわけ、センプロニウス法によって規定された、ローマの市民を人民の命令なしに（iniussu populi）死に追いやることの禁止）*を取り除くという意味であるということをニセンはみごとに示してくれている。「法の停止」（Stillstand des Rechts）という訳語こそは、ニセンによれば、ユースティティウムという用語を文字どおりに翻訳したものであると同時に定義もしているような定式なのである。ユースティティウムは「法を停止する」。このようにして、あらゆる法的規定は効力を奪われる。政務官であろうと民間人であろうと、すべてのローマ市民はいまや権

* センプロニウス法は、護民官ティベリウス・センプロニウスとガイウス・センプロニウスによって提案されたさまざまな法的手続きの名称。土地の配分、植民地の設立、騎士階級に裁判官としての役割を与えることなどを決めている。ガイウスの死後、この法律は裁判法を除いて廃止された。

限も義務ももたない」(Nissen, 1877, p. 105)。法をこのように中立化することの目的に関しては、ニセンは疑問を抱いていない。「法が共通善を保証するという自らの至高の任務をもはや遂行できなくなってしまったときには、法は便宜上廃棄されたのだった。そして、必要の場合に政務官たちが元老院決定によって法律の制約から解き放たれたように、もっとも極限的な事態の場合には、法は脇に置かれたのだった。法が有害なものに転化した場合には、法を侵犯するのではなくて、それは取り去られたのであり、ユースティティウムをつうじて法は停止されたのである」(ibid., p. 99)。すなわち、ニセンによれば、ユースティティウムは、マキァヴェッリが『ディスコルシ』において秩序を救済するために秩序を「破壊する」ことを勧めたときにためらうことなく表明していたのと同じ必要に対応しているのである(「というのも、ある国家においてその種の対策が存在しない場合には、法規を守っていたのでは滅びることが必定だからである。それとも、滅びたくないのであれば、法規を破壊することが必要となる」[ibid., p. 138])。

こうしてニセンは、「必要の場合」(Notfall)の展望のもとで、最終元老院決定、動乱の宣言、ユースティティウムを体系的に関連しあったものとして解釈することができるのであった。最終元老院決定は動乱を前提としており、動乱はユースティティウムの唯一の原因である。それらは刑法上のカテゴリーではなくて、国法上のカテゴリーであり、「公法の観点からすると、例外的な諸規則（Ausnahmemaßregeln）の採用の可能性が現実のものとなるような、休止」（ibid., p. 76）を指示しているのである。

א 最終元老院決定という連辞において、他のさまざまな決定に対するこれの特殊性を定義しているのは、明らかに「最終的」という形容詞である。しかし、このことは研究者たちからは払われてしかるべき注意を払われてきたようには思われない。この形容詞がここでは法技術的な価値をもっているということは、それがその決定を正当化するような状況（「最終的な必要についての元老院決定」）を定義するためにも、また「最後の呼びかけ」（vox ultima）、国家の救済のために全市民に向けて発せられた呼びかけ（「国家を救済したいと願っている者はわたしに従え」）を定義するためにも、繰り返し使われているという事実によって実証されている。"ultimus"という語は「彼方に」という意味の副詞"uls"（これは「こちら側に」という意味の"cis"の反対語である）に由来する。したがって、"ultimus"の語源学的意味は、絶対的に彼方にあるもの、最極端ということである。「最終的な必要」（ultima necessitas）（"necedo"という語は、語源学的に言うと、「わたしは後退することができない」に相当する）は、避難あるいは救済が不可能な彼方の地帯を指している。しかしながら、もし次のように問うてみたらどうだろう。「そのような極限的な次元に最終元老院決定が位置しているのは何に対してであるのか」と。唯一可能な回答は、ユースティティウムにおいて実際に停止される法秩序に対して、というものである。この意味において、最終元老院決定とユースティティウムとはローマの国法秩序の限界を印づけているのである。

ℵ ラテン語で出版された（しかし近代の著作家たちはドイツ語で引用されている）ミッデルの論文（Middel, 1887）は、この問題の理論的深化のかなり手前のところで留まってしまっている。ミッデルはニセンと同様に動乱とユースティティウムとのあいだには緊密な連関が存在することを明確に見抜いていながら、元老院によって発令される動乱と政務官によって公布されなければならないユースティティウムとのあいだの形式的対立関係を強調しすぎており、そこから、ニセンのテーゼ（法の全面的な停止としてのユースティティウム）は行き過ぎているとの結論を導き出している。政務官は自力では法律の制約から解き放たれることはできなかったという理由によってである。このようにしてユースティティウムを法廷の休止のことであるとする古い解釈を復権させることによって、ミッデルはこの制度のもつ意味を見逃してしまっているのである。実際にユースティティウムを公布できる法技術上の資格をもっているのがだれであろうと、確実なことは、ユースティティウムはつねに「父たち〔元老院議員〕の権威にもとづいて」（ex auctoritate patrum）のみ宣言されたということである。ひいては、政務官（あるいは一介の市民）といえども法の停止を認可するほどの危険な状態を土台にして行動していたのであった。

3―4　ニセンの論文から出てくるユースティティウムの諸特徴を確定すべく努めよう。そして、それと同時に、彼の分析を例外状態の一般理論の方向へと展開していくことを試みてみよう。

まず、ユースティティウムは法秩序全体の中断と停止を意味するものであるかぎりで、独裁のパラダイムによって解釈することはできない。ローマの国法においては、ディクタートル〔独裁官〕はコーンスルたちのあいだから選出される政務官職の特殊な一形象であって、その最高命令権はきわめて広範にわたるものであったが、それはその目的を定義したクーリア法*をつうじて授与されていた。これに対して、ユースティティウムにおいては（それを宣言するのが現職のディクタートルである場合でさえも）、新しい政務機構の創出はなんら存在しない。任期中の政務官たちが事実上、「法律によって公布されることなく」（iusticio indicto）享受して

＊　伝説によると、ロムルスはローマ市民を三つのトリブスに区別し、それぞれをさらに一〇のクーリアに区分したという。そのクーリアの会によって議決された法

いる無制限の権限も、独裁的な最高命令権の授与によってではなく、政務官たちの行動を制約してきた法律の停止によって生じているのである。モムゼンにせよプラウマン（Plaumann, 1913）にせよ、彼らはこのことを完全に自覚していた。そうであるからこそ、独裁ではなく「準‐独裁」という言い方をしたのだった。しかしながら、この「準」という限定詞は、なんら曖昧さを除去することになっていないだけではなく、明らかに誤ったパラダイムにもとづいて制度を解釈する方向へといざなうことに寄与している。

このことは近代の例外状態についてもきっかりそのまま当てはまる。例外状態と独裁を混同したということが限界となって、一九二一年のシュミットにせよ、第二次大戦後のロシターやフリードリヒにせよ、彼らが例外状態のアポリアに到達するのをさまたげてきたのである。そして、どちらの場合にも、誤りを犯したのにはそれなりの実際的な理由があったのだった。というのも、例外状態の法学的な正当化を図るにあたっては、それをローマの独裁という威厳のある伝統のうちに書きこむほうが、ユースティティウムという、ローマ法におけるその真実の、しかしより明瞭ではない系譜学的パラダイムに引き戻すよりもはるかに容易だからである。このようなユースティティウムとの連関から展望した場合には、例外状態は、独裁のモデルにしたがって諸権限の十全さ、法が充溢した状態として定義されるのではなく、法が空っぽの状態、法の空白と停止として定義されるのである。

ℵ　現代公法学においては、第一次大戦後の民主主義諸国の危機から生まれた全体主義的諸国家を独裁と定義することが習慣として定着している。こうして、ヒトラーもムッソリーニも、フランコもスターリンも、みなひとしなみに独裁者として提示されるにいたった。しかしながら、ムッソリーニにしてもヒトラーにしても、法技術的には彼らを独裁者と定義することはできない。ムッソリーニは国王から合法的に任命された首相であったし、同様にヒトラーもヴァイマル共和国の正統な大統領から任命されたライヒの宰相であった。イタリアのファシズム体制にせよドイツのナチズム体制にせよ、それらを特徴づけているのは、よく知られているとおり、それらが現行の憲法（それぞれアルベルト憲法とヴァイマル憲法）を存続させたまま、鋭くも「二重国家」と定義されたようなひとつのパラダイムにもとづいて、しばしば法的には定式化されることがなかったが、例外状態のおかげで合法的憲法と並んで存在することのできた第二の構造物を合法的な憲法の傍らに置いたということである。法学的観点からこのような体制を正当化するのには「独裁」の用語はまったくふさわしくないし、そのうえ、今日支配的となっている統治パラダイムの分析にとっても、民主主義・対・独裁という干からびた対立図式は道をまちがったものと言わざるをえない。

ℵ　シュミットは、ローマ法の研究者ではなかったけれども、例外状態の形態としてのユースティティウムのことを知っていた（「戦時特別法は一種のユースティティウムを前提としていた」[Schmitt, 1921, p. 183]）。これはおそらくニセンの論文をとおしてのことであった可能性が高い（ニセンの名前は『独裁』のなかで――別のテクストに関連してではあるが――引用されている）。ただし、シュミットは、例外状態が「法の空白」を代表しているとするニセンの思想（ニセンは法律の vacuum という言い方をしている）を共有しながらも、最終元老院決定に関しては、「準－独裁」という言い方をするほうを好んでいる（このような言い方は、一九一三年のプラウマンの研究とは言わないまでも、少なくともモムゼンのローマの国法に関する研究を知っていなければできないはずである）。

3－5　突然都市の空間と合致するにいたったこのアノミー的な空間の特異性は、近代の研究者たちだけではなく、古代の文献それ自体をも混乱させるほどのものだった。たとえばティトゥス・リウィウスは、ユースティティウムによって創り出された状況を記述しながら、コーンスルたちやローマの最も高い位にある政務官たちが「民間人の状態に引き戻された」と主張している（『ローマ建国史』一・九・七）。他方でキケロは、スキピオ・ナシカのふるまいに関して、彼はティベリウス・グラックスを殺害したことによって、「民間人でありながら、あたかもコーンスルであるかのように」行動したと書いている（『トゥスクルム荘対談集』四・二三・五一）。ユースティティウムは、公的空間の存立そのものを問いに付すように思われる。しかしながら、裏返っては私的空間の存立もまた同様にただちに中立化されてしまうのである。このような私的なものと公的なもの、市民法と最高命令権、そして究極的には法律的なものとそうでないものとの逆説的な合致は、実際には、あるひとつの本質的な問題を考察することがいかに困難であるか、あるいは不可能であるかということをうかがわせてくれる。すなわち、ユースティティウムのあいだに犯された行為の性質をどう見るか、という問題である。法的空白に全面的にゆだねられた人間的実践とは何なのか。それはまるで、全面的にアノミー的なひとつの空間が人間の行動に対して開示されたのを前にして、古代人も近代人も怯えながら後ずさりしているかのようなのだ。モムゼンにせよニセンにせよ——ニセンはユースティティウムのおびる法的に死んだ時間（tempus mortuum）としての性格をためらうことなく主張してはいるものの——、前者は、よくはわからない必要状態指揮権（Notstandscommando）とかいう概念を存続させており、後者は、無制限の服従が対応している「無制限の指揮権（Befehl）」（Nissen, 1877, p. 105）という概念を存続させている。しかしながら、そもそも法的ないかなる規定も決定も存在しないところで、そのような指揮権はどうすれば存続可能となるというのだろうか。

こうした展望のもとでこそ、国家共同体を救済する目的でユースティティウムのあいだに犯された行為の法的帰結を明確に定義することの（古代の文献にとっても近代人にとっても共通の）不可能性もまた見据えられなければならないのである。この問題は格別重要なものであった。というのも、有罪の判決をくださないまま（indemnatus）ひとりのローマ市民の殺害を処罰しうるかいなかという問題にかかわってくるからである。すでにキケロは、ルキウス・オピミウスによるガイウス・グラックス一派の殺害に関して、最終元老院決定を履行するために行動したひとりのローマ市民の殺害者の処罰可能性の問題を「非限定的な問題」（infinita quæstio）と定義していた（『弁論家について』二・三一・一三四）。ニセンは、元老院決定の履行のために行動した政務官職にある者にしても、それに追随した市民たちにしても、ひとたびユースティティウムが終われば処罰可能になるということを否定している。しかしながら、その見解は、オピミウスが結局は裁判にかけられた（たとえあとで無罪になったとしても）という事実、またキケロがカティリナの陰謀を自ら血腥い方法で弾圧した結果、追放刑に処せられたという事実によって論駁されている。

実をいえば、問題の立て方そのものが間違っているのだ。事実、アポリアは、ユースティティウムのあいだになされた行為は、法的空白のうちにおこなわれた行為である以上、あらゆる法的決定から根本的に解き放たれているということを考慮に入れさえすれば、解決されるのである。法の観点からすれば、人間の行動を法制定行為、法執行行為、法侵犯行為等に分類することは可能である。しかしながら、ユースティティウムのあいだに行動する政務官あるいは民間人は、ひとつの法律を執行しているわけでも、これを侵犯しているわけでもない。ましてや、当然のことながら、法を創出しているわけではさらさらにない。最終元老院決定がいかなる実定的内容も有していないという事実についてはすべての研究者の意見は一致している。それはあくまで、きわめて曖昧な定式――「コーンスルは以下のことを配慮するように……」(videant consules…)――でもって、政務官あるいはそれに相当する人物が自らの信じるところにしたがって行動することを、あるいは極端な場合にはまったく行動しないことを全面的に自由にさせておけというひとつの勧告を表明するにとどまっているのだ。ユースティティウムの期間に行動する者は――アノミー状態においてなされる人間の行動になんとしても名前をあたえたいと望むのであれば――法を執行もしていなければ侵犯もしていないのであり、ただ履行しないということをしている(inesequire)にすぎない。この意味では、その人物の行動はたんなる事実でしかないのであって、それらをどう評価するかはひとたびユースティティウムが終わった時点での状況いかんにかかっている。しかしながら、ユースティティウムが続いているかぎりは、それらの行動は絶対的に決定不可能であるのであって、それらは法執行的な行為であるのか、それとも法侵犯的な行為であるのか、究極的には、それらは人間的行為であるのか、動物的行為であるのか、はたまた神的行為であるのか、それらの性質を定義することは、法の領域の外にあるのである。

3－6　それではテーゼのかたちで、ユースティティウムについてのわたしたちの系譜学的な調査の結果を概要的に述べてみることにしよう。

一、例外状態は、独裁ではなく（立憲的であろうと非立憲的であろうと、委任型であろうと主権型であろうと）、法の空白な空間であり、すべての法的規定が――そしてとりわけ公的なものと私的なものとのあいだの区別それ自体が――作動しなくなるようなアノミーの地帯なのである。ひいては、例外状態を法に直接的に接合しようとするこれまでの諸学説はすべて間違っている。また、原初的な法源としての必要の理論にしても、例外状態のうちに国家の自己防衛権の行使を見いだしたり、法の原初的な充溢状態の復元（「全権」）を見いだしたりする理論にしても、同様である。しかしながら、シュミットの学説のように例外状態を媒介的に法的コンテクストのうちに書きこもうとして、それを法規範と法の実現規範、自らを憲法へと構成する権力と構成された権力、規範と決定とのあいだの区別のうちに基礎づけようとする学説もまた虚偽である。必要状態というのは「法の状態」ではなく、法のない空間なのだ（たとえ例外状態は自然状態ではなくて、法の停止に由来するアノミーとして立ち現れるとしてもである）。

二、このような法の空白の空間は、いくつかの理由からして、法秩序にとってきわめて本質的なものであるため、法秩序はあらゆる仕方で例外状態との関係を確固としたものにしなければならない。それはまるで法秩序が自らを確立するためには必然的にアノミーとの関係を維持しなければならないかのようなのだ。一方では、例外状態において問題となる法的空白は、法にとっては絶対に思考不可能なものに見える。しかし他方では、この思考不可能なものは、法秩序にとっては、まさにあらゆる犠牲を払ってでも取り逃がしてはならない決定的な戦略的重要性を帯びているのである。

三、法の停止と結びついている決定的な問題は、その性質があらゆる法的定義をすり抜けてしまうようにみえるユースティティウムのあいだに犯される行為の問題である。そうした行為は、法侵犯的なものでも法執行的なものでも法制定的なものでもない以上、法に対しては、ひとつの絶対的な非-場(non-luogo)に位置しているように思われる。

四、このような定義不可能性やこのような非-場に対応するものこそ、~~法律~~-の-力という考えである。それはあたかも法律の停止がひとつの力ないしは神秘的な要素、一種の法的なマナ——この表現は古代ローマにおける権威(auctoritas)という概念を定義するためにヘンドリク・ヴァーゲンヴォールトによって使われた(Wagenvoort, 1947, p. 106)——を解き放ったかのようであって、権力もその反対者たちも、憲法へと構成された権力も構成しようとする権力も、みなが自らのものにしようと躍起になっているのだ。法律から分離された~~法律~~‐の‐力、浮遊する最高命令権、適用なき効力、より一般的に言うならば、一種の法律の「ゼロ度」という考えは、いずれも、法が自らの不在を自らのうちに包みこみ、例外状態を自分のものにしようとする、あるいは少なくともそれとの関係を確保しておこうとするさいに手段とする擬制なのである。しかしまた、一九世紀と二〇世紀の人類学や宗教学において生まれたマナや聖なるものの概念がそうであるのとまさしく同様に、これらのカテゴリーが実をいえば科学の神話素であるということは、法がアノミーをめぐって従事してきた長い闘いのなかでそれらのカテゴリーが展開している機能を分析することが不可能であるとか有益ではないということを意味するものではない。事実、それらのカテゴリーのうちでシュミットが「政治的なもの」と呼んでいるものの定義ほど問題になるものはないと言ってさしつかえない。理論の本質的な任務は、例外状態が法的な性質のものであるかいなかを明らかにすることだけではなく、むしろ例外状態と法との関係の意味、場所、様態を定義することなのである。

第4章　空白をめぐる巨人族の戦い

4−1　こうした展望のもとで、今度は例外状態をめぐるヴァルター・ベンヤミンとカール・シュミットとのあいだの論争を読んでみることにしよう。一九二五年から一九五六年までのあいだにさまざまな仕方と強弱をともなって展開されたこの論争の表立った〔顕教的な〕関係書類は、あまり広範囲にわたったものではない。ベンヤミンの『ドイツ悲劇の根源』における『政治神学』の引用。一九二八年の「履歴書」と一九三〇年一二月のシュミット宛てベンヤミンの手紙——これらはいずれも「ファシスト公法学者」（この表現は『ベンヤミン全集』編集者ティーデマンのもの——cf. Benjamin, GS, vol. 1. 3, p. 886）に対する興味関心と賞賛を証拠づけており、つねにスキャンダルの的となってきた。そして他方ではシュミットの著作『ハムレットもしくはヘカベ』におけるベンヤミンからの引用と言及——この著作が刊行されたときには、ユダヤ人哲学者〔ベンヤミン〕が亡くなってすでに一六年が経っていた。この一件書類は、一九七三年にヴィーゼルに宛ててシュミットが書いた手紙が一九八八年になって公表されたことにより増補された。その手紙のなかでシュミットは、自分が一九三八年に出したホッブズについての著作は「ベンヤミンへの返答」のつもりだったのだが、「注意を引かないままに終わった」と述べている(Viesel, 1988, p. 14——ブレーデカンプの指摘[Bredekamp, 1998, p. 913]を参照されたい)。

しかしながら、埋もれている〔密教的な〕関係書類のほうはより厚く、その含意するところをあらゆる側面にわたって探査してみる必要がある。実際、論証してみようと思うのだが、関係書類のなかに最初の証拠資料として登録されるべきであるのは、ベンヤミンによる『政治神学』の読解ではなく、シュミットによるベンヤミンの論考「暴力批判論」(一九二一年)の読解でなければならないのだ。論考は『社会科学・社会政策論集』の第四七号に掲載された。同誌の共同編集人は当時ハイデルベルク大学の教授をしていた(そしてのちにはニューヨークのニュー・スクール・フォー・ソーシャル・リサーチの教授になる)エミール・レーデラー〔一八八二―一九三九〕で、ベンヤミンがその時期親交を深めていた人々のひとりであった。さて、シュミットは一九二四年から二七年まで『社会科学・社会政策論集』に多数の論文や記事を寄稿していただけではなく(そのなかには『政治的なものの概念』の最初のヴァージョンも含まれていた）、彼が書いたものに付されている脚注や文献目録などを注意深く整理してみると、一九一五年以来シュミットはこの雑誌の定期的な読者であったことがわかる（なかでも彼はベンヤミンの論考が掲載された号の直前の号と直後の号を引用している）。シュミットは、このように『論集』の熱心な読者にして寄稿者でもあったのだから、のちに見るように彼にとって本質的な諸問題に触れていた「暴力批判論」のようなテクストを見逃していたとは考えにくい。シュミットの主権学説へのベンヤミンの興味関心は、つねにスキャンダラスなものとみなされてきた（タウベスはシュミットに宛てたベンヤミンの一九三〇年の手紙を評して、「ヴァイマル思想史についての通念を爆破しかねない地雷」と呼んだことがある［Taubes, 1987, p. 27］）。わたしたちは、このスキャンダルを反転させることによって、主権についてのシュミットの理論をベンヤミンの暴力批判への応答として読むことを試みてみようと思うのである。

4－2　ベンヤミンの論考の目的は、絶対的に法の「外部」（außerhalb）と「彼方」（jenseits）にあり、そのようなものとして、法を措定する暴力と法を維持する暴力（rechtsetzende und rechtserhaltende Gewalt）とのあいだの弁証法を破砕してしまえるような暴力（ドイツ語の Gewalt は、たんに「権力」をも意味する）の可能性を確証することにある。ベンヤミンは、暴力のこのもうひとつの形象を「純粋暴力」（reine Gewalt）あるいは「神的暴力」と呼んでおり、それが人間の領域において発現する場合には「革命的暴力」と呼んでいる。法がいかなる場合にも赦すことのできないもの、法が折り合いをつけることのできない脅威と感じているものがあるとすれば、法の外部にある暴力の存在こそがそれである。そして、それはそのような暴力の目的が法と両立しえないものであるからではなく、「それが法の外部に存在するという事実そのこと自体からして」(Benjamin, 1921, p. 183) そうなのである。ベンヤミンの批判の任務は、そのような暴力が現実に存在すること (Bestand) を検証することである。「もし暴力に、法の彼方にあっても、純粋に直接的な暴力というかたちで現実に存在することが保証されるなら、そこからは革命的暴力が可能であることも論証されることになる。革命的暴力というのは純粋な暴力の最高度の顕現に人間の側からあたえるべき名称にほかならないのだ」(ibid., p. 202)。この暴力に固有の特徴は、それが法を措定も維持もせず、法の廃止 (Entsetzung des Rechts [ibid.]) を達成するということであり、こうしてそれはひとつの新しい歴史的時代の幕を開けるのである。

論考のなかでは、ベンヤミンは、シュミットの著作において「例外状態」(Ausnahmezustand) の同義語として姿を見せている「危急の場合」(Ernstfall) という用語こそ使っているものの、それを「例外状態」と名指すことはしていない。けれども、シュミットの用語集のもうひとつの専門用語のほうはこのテクストのなかにも姿を見せている。「決定」(Entscheidung) という用語がそれである。ベンヤミンは書いている。法は「時と場所とがはっきりした決定をひとつの形而学的カテゴリーとして承認する」(ibid., p. 189)。しかしながら、この承認に対応しているのは、実際には、「いっさいの法的問題の最終的な決定不可能性という、異様な、そしてなによりも人を意気阻喪させる経験」(ibid., p. 196) であるにすぎないのだ。

4－3 シュミットが自らの著作『政治神学』において展開している主権についての学説は、前節で見たベンヤミンの論考への精細な応答として読むことができる。「暴力批判論」の戦略が純粋でアノミー的な暴力の存在を確証することに向けられていたのに対して、シュミットの場合には、逆にそのような暴力を法的コンテクストのうちに引き戻すことが問題となる。例外状態というのは、彼が純粋暴力というベンヤミンの考えを捕捉し、アノミーをノモスの総体それ自体のうちに書きこもうとするさいに設定される空間なのである。シュミットに言わせれば、純粋暴力すなわち絶対的に法の外部にある暴力など存在しえない。というのも、例外状態においては、純粋暴力は自らが排除されること自体をつうじて法のうちに包摂されるからである。すなわち、例外状態というのは、全面的にアノミー的な人間の行動についてのベンヤミンの主張にシュミットが返答するために使う装置にほかならないのである。

けれども、両者のテクストのあいだの関係は、さらに緊密なものである。わたしたちは、シュミットが一九二一年の著作『独裁』において主権独裁の概念を基礎づけるために活用していた、自らを憲法へと構成する権力と構成された権力との区別を『政治神学』においては放棄して、それを決定の概念によって置き換えた経緯を見てきた。この置き換えは、それをベンヤミンの暴力批判への反論とみなすときに初めて、その戦略的な意味を獲得する。実際にも、法を措定する暴力と法を維持する暴力との区別は――それこそがベンヤミンの標的であったのだが――、シュミットの立てた対抗図式にそっくりそのまま対応している。そして、自らを憲法へと構成する権力と構成された権力とのあいだの弁証法から解き放たれた純粋暴力という新しい形象を中立化するためにこそ、シュミットは自らの主権理論を練りあげたのだった。一方、『政治神学』における主権的暴力は、法を措定も維持もせず、停止する権力という形象をともなったベンヤミンの論考における純粋暴力に対応している。同様に、あらゆる法的問題の最終的な決定不能性というベンヤミンの考えへの返答として、シュミットは極限的な決定の場所としての主権を主張するのである。この場所は法にとって外的なものでも内的なものでもないということ、この意味では主権というのはひとつの限界概念（Grenzbegriff）であるということ、このことは純粋暴力を中立化し、アノミーと法的コンテクストとのあいだの関係を確かなものにしようとするシュミットの試みの必然的な帰結なのである。ベンヤミンに言わせれば、純粋暴力はそれ自体としてはなんらかの決定（ibid., p. 203）をつうじて承認されるものではありえないように、シュミットにとっても、「いつ危急の事態が存在するのかを推定可能な明白さで挙示することはできないのであり、また、現実に危急の事態が生じて、その除去が問題となる場合でも、その場合に何をおこなうことが許されるのかを内容的に列挙することもできないのである」(Schmitt, 1922, p. 12)。しかしながら、戦略的には事態は逆転して、まさにこのような不可能性こそが主権的決定の必要性を基礎づけるのである。

4-4　もしこれらの前提が受け入れられるならば、そのときにはベンヤミンとシュミットとのあいだの表立った〔顕教的な〕論争全体が新しい光のもとに立ち現れることとなる。『ドイツ悲劇の根源』におけるバロック的主権のベンヤミンによる描写は、シュミットの主権理論へのひとつの返答として読むことができるのだ。サム・ウェーバーが明敏にも見抜いたところによれば、ベンヤミンはシュミットの主権の定義を引用したさい、そこに「微かな、しかし決定的な修正」を加えたという(Weber, 1992, p. 152)。ウェーバーは書いている。バロックの主権思想は「例外状態をめぐる議論から発展したものであって、君主にそのもっとも重要な機能としてそれを排除する(den auszuschließen [Benjamin, 1928, p. 245])という機能をあてがっている」。「決定する」を「排除する」に取って代えるというのは、シュミットの定義を喚起するふりをしながらそれをこっそりと変質させてしまうに等しい。主権者は例外状態に関して決定することによって、それをいかなる仕方でも法秩序のうちに包摂してはならないのであって、反対に、それを法秩序から排除し、その外部に放り出したままにしておかなければならないのである。

この実質的な修正の意味するところは、その先のページにおいて、「主権者の不決定」についての正真正銘の理論が練りあげられるなかで初めて明らかとなる。しかしまた、まさにここにおいて読解と対抗読解とのあいだの絡み合いがより緊密なものとなるのである。シュミットにとっては決定が主権と例外状態を結合させる連関であるとするならば、ベンヤミンのほうは主権的権力をその執行からアイロニカルに切り離し、バロックの主権者は憲法上決定不可能性のうちにあるということを証明しようとするのだ。「支配者の権力（Herrschermacht）と支配を執行する能力（Herrschvermögen）とのあいだの対立は、バロック悲劇をあるひとつの特異な性格へと導いていった。それが月並みなものに見えるのはあくまでも外見上のことであって、それの解明はもっぱら主権の理論を土台にしてのみ可能となる。専制君主には決定する能力がない（Entschlußunfähigkeit）というのがそれである。＊非常事態〔例外状態〕に関して決定する任務を負っている君主は、彼には決定することなどほとんど不可能であることをのっけから露呈するのだ」（ibid., p. 250）。

主権的権力とその執行とのあいだの分裂は、『独裁』において委任独裁を基礎づけていた法規範と法の実現規範とのあいだの分裂に正確に対応している。シュミットが『政治神学』のなかで自らを憲法へと構成する権力と構成された権力とのあいだの弁証法についてのベンヤミンの批判に応答して、決定の概念を導入することによって仕掛けてみせた反攻に、ベンヤミンは規範とその実現とのあいだのシュミット的な区別を引っ張り出すことによって切り返しているわけである。そのつど例外に関して決定しなければならない主権者とは、まさに法の総体を分割している断裂が埋め合わせ不可能なものになってしまう場にほかならない。権力（Macht）と能力（Vermögen）とのあいだには、いかなる決定も埋めることのできない裂け目が口を開けているのだ。

このため、例外状態というパラダイムは、さらなる転位をともなって、もはや『政治神学』においてそうだったような奇跡ではなく、破滅《カタストロフィー》となる。「復古の歴史上の理想とは対照的に、バロックの前にあるのは破滅《カタストロフィー》の観念である。そしてこの対照にもとづいて非常事態〔例外状態〕の理論が鋳造されることとなる」（ibid., p. 246）。

ベンヤミン著作全集のテクストには不幸な訂正がほどこされたため、この転位の含意のすべてを測定することはさまたげられてきた。ベンヤミンのテクストに「バロック的終末論なるも

＊ アガンベンのテクストでは、「問題となるのは専制君主の決定能力（Entschlußfähigkeit）である」となっている。

のが存在する」(Es gibt eine barocke Eschatologie)とあるところを、編集者たちは、奇妙にもいっさいの文献学的慎重さを無視して、「バロック的終末論などというものはない」(Es gibt keine... [ibid.])と訂正してしまっているのだ。それでも、それに続くくだりは、論理的にも文章構成上も原文と首尾一貫したものになっている。「だからこそ、死の手に(dem Ende)引き渡されるまで、この世に生を享けたあらゆるものを蒐集し称揚するメカニズムが存在するのである」。バロックはエスカトン(eschaton)、時の終わりを知っている。しかし、ベンヤミンがただちにことわっているように、このエスカトン〔時の終わり〕は空白であり、救済も彼岸も知らず、現世に内在したままなのだ。「彼岸からは現世の息吹が少しでも残っているものはすべて一掃される。そして、その彼岸からバロックはそれまでいかなる造形の手にも負えなかった多量の事物をもぎ取って、最後に残された天までをも空っぽにし、そうすることによって、それをいつの日か、大地を呑みこんで滅亡させてしまう破滅的な力として利用できるような状態にするのである」(ibid.)。

大地を救済された彼岸へと導くことはせず、それを絶対的に空虚な天空に託す、このような「白い終末論」こそが、バロックの例外状態を破滅として形象化するのである。そしてまた、この白い終末論こそが、シュミットの政治神学的なものを定義していた主権と超越性、君主と神とのあいだの一致を破砕するのである。シュミットの政治神学においては「主権者は(…)

神と同一視され、デカルトの体系において神が世界に対して占めるのとまったく同一の位置を国家において占める」(Schmitt, 1922, p. 260) のに対して、ベンヤミンにおいては、主権者は「被造物の領域に閉じこめられたままであり、被造物の支配者であるとはいっても、それ自身被造物の一員であることに変わりはない」(Benjamin, 1928, p. 264) のであった。

こうした主権者の機能のドラスティックな再定義は、例外状態の別の状況を含意している。例外状態はもはや、その停止状態のうちにあって効力を発揮する法律の力によって内部と外部、アノミーと法的コンテクストとのあいだの節合を保証する閾としては立ち現れない。それはむしろ、被造物の領域と法秩序とが同じひとつの破滅のなかに巻きこまれるような、アノミーとも法とも絶対的に決定しがたいひとつの地帯なのだ。

4-5 例外状態をめぐってのベンヤミン＝シュミット関係書類における決定的な文書は、まちがいなく、ベンヤミンによってその死のわずか数ヶ月前に作成された歴史の概念についての第八テーゼである。そこには次のように書かれている。「被抑圧者の伝統はわたしたちがそのなかに生きている〝非常事態〟が通常の状態であることを教える。わたしたちはこの事実に見合った歴史の概念に到達しなければならない。そのときには、真の (wirklich) 非常事態を生み出すことが、わたしたちの当面の任務となるだろう。そして、それができた場合には、ファシズムに対する闘争においてのわたしたちの陣地は強化されるだろう」(Benjamin, 1942, p. 697)。

非常事態ないしは例外状態が通常の状態に転化したということは、『ドイツ悲劇の根源』においてそれの決定不能性として立ち現れていたものがたんに極限化したということではない。ここで忘れてはならないことは、ベンヤミンにしてもシュミットにしても、一九三三年に布告された例外状態がけっして撤回されることのなかった国家——ナチス帝国——を前にしていたということである。すなわち、まずシュミットの展望によれば、ドイツは法技術的に見て主権独裁という状況下にあるのであり、これはヴァイマル憲法の最終的な廃止と新しい憲法の創設へと行きつくはずなのであった。こうしてシュミットは一九三三年から三六年までに書いた一連の論考のなかで新憲法の基本的特徴を定義しようと努めたのだった。しかしながら、シュミットがいかなる場合にも受け入れることができなかったのは、例外状態が全面的に通常の状態と融合してしまうことだった。シュミットは、すでに『独裁』において、もしあらゆる法秩序が「潜在的ないし断続的な独裁でしかない」とみなされるならば、独裁の正しい概念を定義することは不可能であると主張していた(Schmitt, 1921, p. xiv)。『政治神学』のほうは、規範的領域の創設を可能にするかぎりで、例外の優位性を留保なしに承認していたことはたしかである。しかし、もし通例がこの意味で「例外によってのみ生きる」(Schmitt, 1922, p. 22) のだとしたら、例外と通例のどちらであるのかが決定不能になったときには何が生じるのだろうか。シュミットの展望においては、法秩序の機能は、究極的には、規範の効力を一時的に停止させることによってそれを適用可能なものにするという目的をもったひとつの装置――例外状態――に立脚している。例外が通常の状態に転化するときには、機械はもはや機能しないのだ。この意味で、第八テーゼにおいて定式化された規範と例外の決定不能性は、シュミット理論を頓挫させてしまうものである。主権者の決定は、もはや『政治神学』が主権者に託していたような任務を遂行することはできなくなってしまう。いまや自らの生命の糧となっているもの〔例外〕と合体してしまった規則が、自らを貪り食うのだ。しかしながら、こうした例外と規則との混同は、まさに第三帝国が具体的に実現してきたものなのであった。そして、このことは、ヒトラーが新しい憲法を公布せずに彼の「二重国家」の組織化をあれほどまで執拗に追求しつづけたことが裏づけているのだ（この意味では、ナチス帝国におけるフューラー〔総統〕と国民とのあいだの新しい実質的な関係を定義しようとしたシュミットの試みは、不成功に終わってしまったのだった）。

こうした展望のもとでこそ、第八テーゼにおいてベンヤミンが立てた実際の例外状態と例外状態一般との区別は読まれなければならないのである。見たように、区別そのものはすでにシュミットの独裁論にも存在した。その用語をシュミットはテオドール・ライナッハの『戒厳状態について』から拝借していた。ただし、ライナッハのほうでは、一八一一年一二月二四日のナポレオン政令との関連で、実際の（あるいは軍事的な）戒厳状態（état de siège effectif）を擬制的な（あるいは政治的な）戒厳状態（état de siège fictif）に対置していたのに対して、シュミットのほうは、その執拗な法治国家批判のなかで、個人のさまざまな権利や自由をなんらかの手段によって保証する目的で法律による規制を求めるような例外状態を「擬制的」と呼んでいる。その結果、シュミットは、ヴァイマル憲法第四八条にもとづくライヒ大統領のたんに事実上の行動を法律によって規制される手続きと区別することができないでいるヴァイマル期の法学者たちを力のかぎり告発するのである。

これに対して、ベンヤミンはここでもまたこの対抗図式を定式化しなおして、それをシュミットに突きつけようとする。例外と通常の場合とが時間的にも空間的にも区別されるような擬制的例外状態のあらゆる可能性がなくなってしまった今、実際に存在するのは「わたしたちがそのなかに生きている」例外状態、通常の状態とまったく区別がつかなくなってしまった例外状態である。暴力と法とのあいだの連関というあらゆる擬制はここではことごとくなくなってしまう。いかなる法的外皮もまとうことなく暴力が跳梁するアノミーの地帯しか存在しないのだ。例外状態をとおしてアノミーを自らに結びつけようとする国家権力の試みは、ベンヤミンによって仮面を剝ぎ取られ、あるがままの状態に引き戻されてしまっている。すなわち、法を~~法律~~‐の‐力として停止させるなかで維持することを求める、第一級の法の擬制がそれである。それの場所には、いまや内戦と革命的暴力、すなわち法とのあらゆる関係を断ち切った人間の行動が取って代わる。

4‐6　例外状態をめぐってベンヤミンとシュミットとのあいだで交わされた論争において賭けられていたものが何であったのか、いまこそいっそう明確に定義することができる。論争は、一方ではいかなる犠牲を払ってでも法との関連のうちに保っておかなければならず、他方ではこの関連から容赦なく断ち切って解き放たなければならないような、同一のアノミーの地帯で生じているのである。すなわち、このアノミーの地帯において問題となっているのは、暴力と法との関係なのであり――究極的には人間の行動の暗号としての暴力の地位なのだ。暴力を法的コンテクストのうちに書きこみなおそうと事あるごとに努めているシュミットに対して、ベンヤミンは純粋暴力としての暴力に法の外部にあっての存在を保証しようと事あるごとに努めることによって応じているのである。

理由についてはのちに解明しなければならないが、アノミーをめぐるこの戦いは、西洋の政治学にとって、西洋の形而上学を定義している「存在をめぐる巨人族の戦い」（**gigantomachia peri tes ousias**）と同じくらい決定的なものであるように思われる。究極の形而上学的賭け金としての純粋存在に、ここでは、極限的な政治学的対象、あるいは政治学の「もの自体」としての純粋暴力が対応している。純粋存在をロゴスの編み目のなかに捕捉しようとしてきた存在‐神‐学的戦略に、アノミー的な暴力と法とのあいだの関係を保証するはずの例外の戦略が対応している。

すなわち、あたかも、法にしてもロゴスにしても、生の世界へのそれらの指示作用を基礎づけうるためには停止というアノミー的な（あるいは無論理的な）地帯を必要としているかのようにして、万事は起きているのである。言語活動は非言語的なものを捕まえることをつうじてのみ存続しうるのと同じように、法はアノミーを捕捉することをつうじてのみ存続しうるようにみえるのだ。どちらの場合にも、抗争は空虚な空間をめぐって争われているようである。一方はアノミー、法的な空白をめぐって、他方はあらゆる規定およびあらゆる実在的な述語が抜け落ちてしまった純粋存在をめぐって。法にとっては、この空虚な空間は構成的次元としての例外状態である。存在論において言語活動と世界とのあいだの関係がラングの形態でのデノテーション〔外示〕の停止を含意しているのと同じように、規範と現実とのあいだの関係も規範の停止を含意しているのだ。しかしながら、法秩序にとって同じくらい本質的なことは、規範との関係をもたない人間の行動が位置する場であるこの地帯が法の極限的で幽霊的な形象と合致しており、そこでは法は適用をもたない純粋な効力（法律‐の‐形式）と効力をもたない純粋な適用、すなわち法《ロー》／法律《レヒト》－の－力とに分裂するということである。

もしこれが真実であるならば、例外状態の構造は、わたしたちがこれまで垣間見てきたものよりもずっと複雑であり、例外状態のなかで例外状態のために戦いあっている二つの陣営のそれぞれの立場は他方の立場にはるかに緊密に結びついていることになる。そして、ちょうどある試合をしている二人の競技者のうちの一方の勝利がゲームにとってはなにか復元されるべき原初の状態のようなものではなく、たんなるゲームの賭け金であって、ゲームに先立って存在していたのではなく、ゲームの結果であるにすぎないのと同様に、純粋暴力――これはベンヤミンが法を措定するのでも維持するのでもない人間の行動にあたえている名前である――も、ある時点で捕捉されて法秩序のうちに書きこまれるような人間の行動の原初的な形象ではない（これは、言葉を話す人間にとって、ある時点で言語活動のなかに落ちてくるような前言語的な実在など存在しないのと同じことである）。純粋暴力とは、むしろ、例外状態をめぐる抗争における賭け金であるにすぎず、その抗争から生じる結果である。そして、このようにしてのみ、法に先立つものとして前提されるものなのである。

4－7　さらにいっそう重要なのが、ベンヤミンの「暴力批判論」における本質的な専門用語である純粋暴力（reine Gewalt）という表現の意味を正確に理解することである。ここでの「純粋」とは何を意味しているのか。一九一九年一月、すなわち論考執筆の一年ほど前に、ベンヤミンは、アダルベルト・シュティフター〔一八〇五―六八。オーストリアの作家〕に関する記事においてすでに練りあげられていたモチーフをふたたび取りあげ展開したエルンスト・シェーンに宛てた手紙のなかで、「純粋さ」(Reinheit)という言葉によって自分が何を意図しているのかを念入りに定義している。「どこかにそれ自身で存在していて、保護されるべき純粋さなるものを前提するのは、誤っています(…)。ある存在の純粋さはけっして無条件的かつ絶対的なものではありません。それはつねにある条件に従属しているのです。この条件は、その純粋さが問題となる存在が何であるかに応じて異なります。しかし、存在それ自身のうちに潜んでいることはけっしてありません。言葉を変えれば、あらゆる(有限の)存在の純粋さは、その存在自体に依存しているのではけっしてないのです(…)。自然にとっては、自然の外部に存するその純粋さの条件とは人間の言語活動にほかなりません」(Benjamin, 1966, pp. 205 ff.)。

純粋さについてのこのような非実体的で関係論的なとらえ方はベンヤミンにとってはきわめて本質的なものであって、一九三一年のクラウス論においても、「被造物の根源にあるのは純粋さ(Reinheit)ではなく、純化(Reinigung)なのだ」(Benjamin, 1931, p. 365)と書くことができたほどであった。このことは、一九二一年の論考〔「暴力批判論」〕において問題となっている純粋さとは暴力的な行動それ自体に属しているような実体的な特徴ではないということ、

――言いかえれば、純粋暴力と神話的‐法的暴力とのあいだの差異は暴力それ自体のうちにあるのではなく、暴力とその外部にある何ものかとのあいだの関係のうちにあるということを意味している。その外的条件とは何か。それは論考の冒頭においてはっきりと言表されている。「暴力批判論の課題は暴力と法および正義との関係を描くことだと言ってよいだろう」。したがって、暴力の「純粋さ」の基準も暴力と法との関係のうちに存することになろう（実際にも、この論考における正義というテーマは、法の目的との関連でのみあつかわれている）。

ベンヤミンのテーゼは、神話的‐法的暴力がつねに目的にとっての手段であるのに対して、純粋暴力は――適法的であろうとそうでなかろうと――目的にとっての（その目的が正義にかなっていようとそうでなかろうと）たんなる手段ではないというものである。暴力の批判は、暴力をそれが自ら手段となって追求する目的との関連で判定するのではなく、その判定基準を「手段が追求する目的には目をやることなく、手段そのものの圏内で区別をつける点に」（**Benjamin, 1921, p. 179**）求めるのである。

ここには「純粋な手段」としての暴力、すなわち逆説的な「目的をもたない手段」という形象をとった暴力のテーマが現れている（このテーマはテクストのなかではほんの一瞬ひらめいているにすぎないが、それでも、その一瞬のひらめきは論考全体を照らし出すのに十分である）。すなわち、あくまで手段のままにとどまりながらも、それが追求する目的からは独立に考察されるような手段である。そうであるならば、問題は正しい目的を突きとめることではなく、むしろ「暴力とはいえ、あれらの目的のための合法の手段でも不法の手段でもありえず、そもそもあれらの目的に手段としてではなく、むしろ何か別の仕方でかかわるような（nicht als Mittel zu Ihnen, vielmehr irgendwie anders sich verhalten würde）暴力を突きとめる」（ibid., p. 196）ことなのである。

目的へのかかわりのこの別の仕方はどのようなものでありうるのか。この問いに答えるには、ベンヤミンにおいて「純粋」という語がもつ意味に関していましがた展開した考察を「純粋な手段」という概念にも当てはめてみるのが役に立つだろう。手段はその純粋性を法的諸手段からその手段を区別するようななにか特別の本質的な特性に負っているのではなく、そうした法的諸手段とその手段との関係に負っているのである。言語に関する論考において、純粋であるのは、コミュニケーションの目的にとって道具となる言語ではなく、無媒介に自らを伝達する言語、すなわち純粋で単純なコミュニケーション可能性としての言語であるように、暴力に関しても、純粋であるのは、目的にとって手段の関係にあるような暴力ではなく、自らの手段性〔媒介性〕それ自体と関係しつづけている暴力なのである。また、純粋言語がもうひとつ別種の言語ではなく、コミュニケーションのための自然的諸言語とは別の場所をもっているわけでもなく、それらの自然的諸言語をあるがままに提示することによってそれらのうちで自らを示すように、それと同じようにして、純粋暴力も暴力と法とのあいだの関係を提示し証言するものとしてのみ存在を立証するのである。これは、ベンヤミンが、すぐあとで、暴力は、それが荒れ狂っているときには、けっして手段ではなく、顕現（Manifestation）でしかないという点に注意を喚起しながら示唆しているとおりである。法の措定にとって手段となる暴力がけっして法との自らの関係を証言することはなく、かくては「密接かつ必然的に暴力と結びついた」（ibid., p. 198）ままになっている権力（Macht）としての法を設置するのに対して、純粋暴力は法と暴力とのあいだの連関を提示すると同時に断ち切り、こうしてついには、統治あるいは執行する（die schaltende）暴力としてではなく、たんに行動し顕現する（die waltende）だけの暴力として現れることとなるのである。そして、もしこのような仕方で純粋暴力と法的暴力、例外状態と革命的暴力とのあいだの絡み合いがきわめて緊密なものになって、歴史のチェスボードの上で向かい合っている二人のゲーム・プレイヤーがそのつど~~法律~~－の－力あるいは純粋手段という姿をとる同じひとつのチェスの駒を動かしているようにみえるとしたなら、しかしながら決定的なのは、それらの区別の基準がいずれの場合でも暴力と法とのあいだの関係を解決することにあるということなのである。

4－8　こうした展望のもとでこそ、一九三四年八月一一日のショーレム宛ての手紙における

「読み解く鍵のない文書は文書ではなく生活である」（Benjamin, 1966, p. 618）という主張や、カフカ論のなかに含まれている「もはや実地には用いられず、もっぱら勉学されるだけの法こそは、正義の門である」（Benjamin, 1934, p. 437）という主張は読まれなければならないのである。読み解く鍵のない文書（トーラー）とは、例外状態における法律の暗号にほかならない。ショーレムは、このテーゼをシュミットと共有しているとは夢にも想わないまま、これをなおも法律――効力をもつが適用されず、あるいは効力をもたないが適用される法律であると考えるのであった。ところが、ベンヤミンによれば、この法律――あるいはむしろ、この~~法律~~‐の‐力――はもはや法律ではなくて、生活、カフカの小説のなかで「城がそびえ立っている山のふもとの村でいとなまれているような」（ibid.）生活なのである。カフカのもっともカフカらしいふるまいは、ショーレムが考えているように、もはや意味をもたない法律を遵守した点にあるのではなくて、法律は法律であることをやめて、あらゆる点で生活と区別がつかないものになってしまうということを示した点にあるのだ。

　純粋暴力によってなされる神話的‐法的暴力の仮面剥奪に、カフカ論においては、一種の残余として、もはや実地には用いられず、もっぱら勉学されるだけの法という謎めいたイメージが対応する。したがって、暴力や権力との自らの連関を断ち切ったあとでも、なお法の形象は存在しうるのである。しかし、それはもはや力をもたず適用もされない法であって、さながら

〔カフカの小説の〕「新しい弁護士」がその学習に没頭して「わたしたちの古い法典」を繙くようなものである。あるいはフーコーがあらゆる規律や主権とのあらゆる関係から解き放たれた「新しい法」について語ったとき、彼が念頭においていたのかもしれないような法なのである。

そのような仕方でいっさいの関係を断ち切ったあとでも生き延びる法の意味するものとはどのようなものでありうるのだろうか。ベンヤミンがここで直面している困難は、次のようなかたちで定式化しうる——そして実際にも、一度目は原始キリスト教において、また二度目はマルクス主義的な伝統において定式化されてきた——問題と対応している。すなわち、法律がメシアニズム的な成就を遂げてしまったあと、それには何が生じるのか（これはパウロを彼と同時代のヘブライ人たちに対立させている論争点である）。また、階級のなくなった社会において、法には何が生じるのか（これはまさしくヴィシンスキーとパシュカーニスとのあいだで生じた論争である）。* これらの問いにこそ、ベンヤミンは自ら「新しい弁護士」流の読解でもって答えようと意図しているのである。これは言うまでもなく、そこへと導いていくべき目的に

＊　一九三〇年代ソ連において「法の死滅」をめぐって生じた論争。マルクス主義の原則に忠実に社会主義革命の実現とともに法は死滅すべきであるとの論を展開したパシュカーニスは、社会主義革命後も政権維持のために法の存続を主張するヴィシンスキーと対立し、粛正された。

けっして到達することのない移行の局面でもなければ、ましてや法を幽霊的な生のうちに維持しつつも、もはや結論に達することはできない無限の脱構築の過程でもない。ここでは決定的なのは、法——もはや実地には用いられず、もっぱら勉学されるだけの法——は正義ではなく、ただ正義へと導く門であるにすぎないということである。正義に向かっての突破口を開くのは、法の抹消ではなく、それを不活発化し、無活動の状態におくことなのだ——すなわち、法のもうひとつの使い方なのである。それはまさしく、法をその形式的な停止をこえて活動状態に保っている~~法律~~-の-力が阻止しようと意図しているものにほかならない。カフカの作品の登場人物たちは——そしてこれこそが彼らがわたしたちの興味を引く理由なのだが——、例外状態における法のこの幽霊的な形象と関係を取り結んでおり、各人がそれぞれの戦略にしたがって、それを「勉学」し、不活発化し、それでもって「戯れ」ようとしているのである。

いつの日か、人類は法でもって戯れるときがくるだろう。それはちょうど子供たちががらくたを使って遊ぶのに似ている。それも、それらをそれぞれの規範的な使い方に戻すためではなく、そうした使い方から最終的に解放するためにである。法のあとに見いだされるものは、法に先立って存在していた、より固有で本源的な使用価値ではなくて、法のあとにのみ生まれる新しい使い方である。法によって汚染されてしまっている使い方も、自らの固有の価値から解放されなければならない。この解放を達成するのは、勉学の、あるいは遊戯の任務である。そしてこの勉学的遊戯こそは、ベンヤミンの歿後に刊行された断章のひとつで、世界が絶対的に所有不可能で法制化不可能な善として現れる、そういう世界の状態として定義されている(Benjamin, 1992, p. 41)、例の正義に接近することを可能にする突破口なのだ。

第5章　祝祭・服喪・アノミー

5-1　ローマ史の研究者たちや法制史の研究者たちは、ユースティティウムという語――法技術的に例外状態を指示する用語――が主権者やそのごく身近な親族の死に対する公的な服喪の意味を獲得するにいたった意味論上の特異な進展に対して、これまで満足のいく説明を見いだすことに失敗してきた。実際にも、ローマ共和政の終焉とともに、動乱に対処するためにおこなう法の停止としてのユースティティウムは存在することをやめ、新しい意味が古い意味に完全に取って代わって、この厳粛な制度の記憶すらまったく忘却されてしまったようにみえる。こうして四世紀末には文法学者カリシウスは、ユースティティウムをいたって単純に公的な服喪（luctus publicus）と同一視することができたのだった。そして注目されることにも、ニセンとミッデルの論文によって論争が引き起こされたあとは、現代の研究者たちは例外状態としてのユースティティウムの問題は無視してしまって、もっぱら公的な服喪としてのユースティティウムに集中して取り組もうとしているのである（こうしてウィリアム・セストンは、ユリウス・カエサル・ゲルマニクスの葬儀についての彼の研究において、皮肉をこめてユースティティウムの古い語義をしのびつつ、「この論争は（…）きわめて活発であったが、やがてだれもそのことを考えなくなってしまった」と書くことができたのであった［Seston, 1962, ed. 1980, p. 155］）。しかしながら、もっとも極限的な政治的必要の状況下にあっての法の停止を指示していた公法上の用語が、家族の服喪のための葬儀というあまりぱっとしない意味を帯びるようなことが、どのようにして可能となったのだろうか。

H・S・ヴァースネルは、一九八〇年に発表された浩瀚な研究において、この問いに答えようとして、服喪についての現象学――これについては人類学的資料によるさまざまな領域での証言がある――と、規則や社会的制度が突然解体してしまうようにみえる政治的危機の時期とのあいだにはアナロジーが認められることを提示している。アノミーや危機の時期には通常の社会構造が虚脱状態を呈し、さまざまな社会的役割や機能が変則状態に陥って、ついには文化的に条件づけられた慣習やふるまいの全面的な転倒にまでいたることがあるが、これと同じように、服喪の時期も通常はあらゆる社会的関係の停止と変容によって特徴づけられているというのだ。「危機の時期を（…）無秩序が一時的に秩序に取って代わり、自然が文化に、カオスがコスモスに、アノミー〔規範が解体してしまった状態〕がエウノミー〔規範がよく保たれている状態〕に一時的に取って代わってしまう時期というように定義する者はだれでも、それを暗黙のうちに服喪の時期とその顕現として定義しているのだ」(Versnel, 1980, p. 583)。ヴァースネルがバーガーとルックマンのようなアメリカの社会学者たちの分析を反復しつつ述べているところによれば、「すべての社会はカオスと対向するかたちで構築されてきたのだった。アノミーの恐怖の恒常的な可能性は、秩序の危うさを覆い隠している正当化作用が崩壊したり脅かされたりするたびに、現実的なものとなる」(ibid.)のである。

ここでは——明らかな論点の先取りによって——例外状態から公的な服喪へのユースティティウムの進展が服喪の顕現とアノミーの顕現とのあいだの相似をつうじて説明されているだけではなく、こうした相似の究極的な理由がつぎには「アノミーの恐怖」という考えのうちに求められている。「アノミーの恐怖」こそは人間社会をその総体において特徴づけているものだというわけである。現象の固有性を説明するのには、そのような概念はマールブルク派の神学〔ルードルフ・オットー〕によって提示された戦慄〔畏怖〕すべきもの(tremendum)とヌミノーゼ的なもの(numinosum)という概念が聖なるものの正しい理解に向かうことができなかったのと同じくらいに不適切なものと言わざるをえない。そして、それは結局のところ、心理学のもっとも曖昧な領域に逆戻りしてしまう。「総体としての服喪のさまざまな効果(首領あるいは王の服喪の場合であればとくに）や移行の周期的な祝祭の現象学は（…）、アノミーの定義に完全に対応している（…）。わたしたちはどこでも、人間的なものが一時的に非‐人間的なものに反転し、文化的なものが自然的なもの（文化的なものを否定する対抗物としての）に、コスモスがカオスに、エウノミーがアノミーに、それぞれ一時的に反転する事態を目にする（…）。痛みや方向喪失の感覚とそうした感覚の個人的ならびに集団的な表出は、あるひとつの特殊な文化や特定の文化モデルに限られたものではない。どうやら見たところ、そうした表出は人類ならびに人間の条件の本質的な特徴のようである。そして、とりわけ周縁的あるいは境界的な状況のうちに表現を見いだしているのだ。したがって、わたしとしては、ヴィクター・W・ターナーと意見を同じくする方向に傾いている。彼は「非自然的な、あるいはむしろ反文化的ないしは反構造的な出来事」ということを口にするとともに、そのさい、「たぶんフロイトとユングは、それぞれの仕方で、境界的な状況が示しているこれらの非‐論理的で非‐合理的な（しかしまた非合理主義的ではない）諸側面の理解のために語ってしかるべきものを多くもっていたのではないだろうか」と示唆したのだった」(ibid., p. 605)。

ℵ　このようにヴァースネルは、ユースティティウムを無批判にも心理学主義に還元することによって、それの有している法的特殊性を中立化〔中和〕してしまったのだが、この点では『自殺論』(一八九七年)において人間諸科学にアノミーの概念を導入したデュルケームが彼に先行していた。デュルケームは、自殺の他の諸形態と並んで、「アノミー的自殺」というカテゴリーを定立することによって、諸個人に対する社会の規制作用の減少と自殺率の増加とのあいだに相関関係を確立したのだった。このことは、彼がいかなる説明も提供しないままにおこなっているとおり、人間存在は自らの活動や自らの情熱を規制されることを必要としているということを公準〔要請〕として立てるということにほかならなかった。「人間を特徴づけているのは、彼の服している拘束力が物理的なものではなく、精神的なもの、すなわち社会的なものであるということである。(…)ただし、社会が混乱に陥ったときには、それが苦難にみちた危機から生じた混乱であろうと、幸運な、しかしあまりにも急激な変化から生じた混乱であろうと、しばし社会はこの活動〔個人にたいする規制〕を行使することができなくなる。そして、さきに確認したあの自殺曲線の急上昇は、じつにここから起こってくるのである。(…)したがって、アノミーは、現代社会においては、自殺の恒常的かつ特殊的な要因のひとつなのだ」(Durkheim, 1897, pp. 265-70)。

このようにしてアノミーと不安とのあいだの等式が当然のものとみなされるだけではなく(のちほど見るように、民族学や民俗学の資料は正反対の事実を示しているように思われるにもかかわらず)、アノミーが法や社会秩序とのあいだにより緊密で込みいった関係を有している可能性も、あらかじめ中立化〔中和〕されてしまうのである。

5―2 その何年かあとにセストンによって発表された研究の結論も、同じく満足のいくものではない。セストンは、君主の葬儀を例外状態としてドラマティックに描きだしてみせているかぎりにおいて、公的な服喪としてのユースティティウムが政治的な意味をもちうることを考慮しているようである。「皇帝たちの葬儀には、動員の記憶が生き残っている（…）。葬祭の儀式を一種の全体的動員のうちに繰りこみ、さまざまな世俗の仕事や通常の政治生活を停止することによって、ユースティティウムの宣言は、ひとりの人間の死を民族的なカタストローフへと、各人が好むと好まざるとにかかわらず巻きこまれるひとつのドラマへと変容させてしまおうとするのだった」（Seston, 1962, pp. 171 ff.）。けれども、このせっかくの直観も、続きがないままにとどまってしまっている。そしてユースティティウムの二つの形態のあいだに認められる連関の理由説明に関しても、ここでもまた、説明されるべき事柄を前提することによって、すなわち、最初からユースティティウムのなかに暗々裡に含まれていたのではないかと思われる服喪という要素をつうじてなされている（ibid., p. 156）。

アウグストゥスに関する研究論文において、ユースティティウムの二つの側面のあいだのつながりは極限的な状況あるいはアノミーが帯びるとされる服喪の性格のうちにあるのではなく、主権者の葬儀が引き起こしうる動乱状態のうちにあるということを示すことで、公的な服喪の政治的意味を強調したのは、アウグスト・フラスケッティの功績である。フラスケッティは、意味深長にも「煽動的な葬儀」(Fraschetti, 1990, p. 57) と定義されたカエサルの葬儀に随伴して起きた暴力的な無秩序のうちにユースティティウムの二つの側面のあいだのつながりの起源を突きとめている。共和政時代においては、ユースティティウムは動乱への自然的な返答であったように、「アウグストゥス家の死が都市全体のカタストローフに同化されてしまうような、似た戦略をつうじて、ユースティティウムの公的な服喪への相同化は説明される (…)。その結果、たったひとつの家族の幸福と不幸が国家共同体の命運と関係のあるものに転化するのだ」(ibid., p. 120)。この戦略と首尾一貫したかたちで、甥マルケルスの死以降、家族の霊廟の扉を開くことがアウグストゥスにとってユースティティウムの宣言を暗黙のうちに意味するようになった次第を、フラスケッティはみごとに示してみせている。

もちろん、ユースティティウム-公的な服喪というのは、例外状態を家族の事柄に変えてしまうことでそれを自分のものにしようとする君主の試み以外の何ものでもないとみることも可能である。しかし、この場合には両者の結びつきはさらにいっそう緊密で込みいったものになる。

紀元一四年八月一九日のノラにおけるアウグストゥスの死に関するスエトニウスによる有名

な記述を取りあげてみよう。友人たちや廷臣たちに囲まれた年老いた君主は、鏡をひとつ持ってこさせて、髪を梳かさせ、げっそりとこけた頬に化粧をさせたのち、自分が人生の喜劇（mimus vitæ）をみごとに演じおえたかどうかを知ることばかり気にかけているようであった。しかしまた、こうした演劇的メタファーへのこだわりと並んで、アウグストゥスは、たんに政治的メタファーとは言えない真剣な面持ちで、「わたしのせいでもう外地に動乱が起こってはいないか」と、執拗に、ほとんど厚顔ともいえる調子で、「何度もくりかえし訊ねる」のだった。アノミーと服喪とのあいだの照応関係は主権者の死と例外状態とのあいだの照応関係によって光を当てられたときに初めて理解可能なものになるのである。動乱とユースティティウムとのあいだに原初存在したつながりは、いまでも存在している。しかし、いまでは動乱のほうは主権者の死と合体してしまっており、法の停止のほうは葬送の儀式のうちに統合されてしまっている。それはあたかも、主権者が自らの「威厳ある」人格のうちに、「護民官の永遠の権限」から「より大きく無際限なプロコーンスル〔前統領〕の最高命令権」にいたるまで、あらゆる例外的諸権限を包みこんでしまい、いわば生けるユースティティウムとなって、死の瞬間に自らのアノミー的な内的特徴を証示し、都市において動乱とアノミーが自らの外へと解き放たれるのを見ているかのようである。ニセンが直観して明晰な定式にまとめあげたように（おそらくこの定式は例外状態が通常の状態になってしまったというベンヤミンのテーゼの源泉である）、「例外的な諸手段は消失してしまった。というのも、それらは通常の状態になってしまったからである」（Nissen, 1877, p. 140）。そのときには、君主政体の国法上の新しさは、主権者の人格のうちへと例外状態とアノミーが直接的に組みいれられてしまう点にあるとみなされうるのであり、主権者は法へのあらゆる従属から自らを解き放って、自らを「法律から解き放たれている」と主張し始めるのである。

5－3　至高権力の新しい形象のこうした内的にアノミー的な性質は、君主による統治の確立が見られるのと同じ時代に新ピュタゴラス派の内部で練りあげられる「生きた法律」（nomos empsychos）としての主権者の理論のうちに明確に現れている。「生きた法律としての主権者」（basileus nomos empsychos）という定式はディオトゲネスによる主権に関する論考〔『王政論』〕のなかに登場する。この論考は部分的にヨアンネス・ストベウス〔ギリシア名ストバイオス。五世紀の人。ギリシア人著作家の文章を抜粋したアンソロジー『詞華集』の編者として知られる〕によって保存されてきたが、それが主権に関する近代の理論の起源を探るうえでもっている重要性は過小評価されるべきではない。ところが、よくある文献学的近視眼のために、この定式と主権者のアノミー的な性格とのあいだに論理的連関が存在することはテクストのなかでは留保なしに主張されていたにもかかわらず、論考の現代の編纂者はその明らかな連関を見落としてしまっている。問題のくだりは——このくだりは一部分判読不能になっているが、論理的には一貫している——三点に分節できる。一、「王はもっとも正しく（dikaiotatos）、そしてもっとも正しいものはもっとも適法的である（nominotatos）」。二、「正義なしにはなんぴとも王たりえないが、正義は法律なしでも存在する（aneu nomou dikaiosyne——dikaiosyne という言葉の前に否定辞を挿入するというドゥラトの提案は、文献学的にみてまったく根拠がない）」。三、「正しいものは適法的であり、正しいものの原因となった主権者は生きた法律である」（Delatte L., 1942, p. 37）。

主権者は生きた法律であるということは、主権者は法律によって拘束されないということ、法律の生命は主権者のうちでは全面的なアノミーと合致するということでしかありえない。ディオトゲネスはこのことをすぐあとで読み間違いの余地のないほど明確に説明している。「王は責任を負う必要のない権力（arkan anypeuthynon）を保持しており、本人自身が生きた法律なのだから、王は人間たちのあいだではひとりの神に似ている」（ibid., p. 39）。しかしまた、王は、まさに法律と同一化するかぎりにおいて、法律との関係を維持している。それのみならず、自らを法秩序のアノミー的な基礎として示す。すなわち、主権者と法律との同一化は、主権者とはアノミー的な存在であるということを主張すると同時にその主権者は法秩序と本質的なつながりを有しているということを主張しようとする最初の試みなのだ。「生きた法律」というのは例外状態が法律の外部と内部とのあいだに確立するつながりの原初的な形態であるのであって、この意味でそれは主権に関する近代の理論の原型をなしているのである。

ユースティティウムと服喪とのあいだの照応関係は、ここでその真の意味を明らかにする。主権者とは生きたノモスであり、このためにアノミーとノモスとが主権者の人格のうちで余すところなく合致するのだとしよう。そのときには、無秩序は（それは主権者が死ぬときには――すなわち、それを生きた法律につなぎとめていた連結が断ち切られるときには――都市のなかで解き放たれかねないのであるが）儀式化され統制されて、例外状態を公的な服喪に変え、服喪をユースティティウムに変えなければならない。主権者の生きた身体のうちでノモスとアノミーがどちらともつかない決定不能状態にあるのに対応して、都市においては例外状態と公的な服喪とのあいだのどちらともつかない決定不能状態が生じるのである。主権と例外状態とのあいだの関係は、緊急事態に関する決定という近代的形態をとる以前には、主権者とアノミーとのあいだの同一性という形態で現れていたのである。主権者は、生きた法律であるかぎりで、根底においては非‐法律的な（anomos）存在である。ここでも例外状態は、法律の――秘められた、そしてより本来的な――生命なのだ。

ℵ 「主権者は生きた法律である」というテーゼはその最初の定式化を偽アルキュタスの論考「法律と正義について」のうちに見いだしていた。この論考はストベウスによって主権に関するディオトゲネスの論考とともに保存されてわたしたちのもとにまで届けられている。これらの論考は紀元一世紀にアレクサンドレイアの一ユダヤ人によって創作されたものだとするオットー・フリードリヒ・グルッペ〔一八〇四―七六。ドイツの哲学者・文献学者〕の〔『アルキュタスおよび古代ピュタゴラス派の断片について』（一八四〇年）における〕仮説が正しいにせよ間違っているにせよ、たしかなことは、ここでわたしたちが手にしているのは、プラトン的ピュタゴラス的な諸範疇の覆いのもとで、法律から全面的に解き放たれたものでありながらもそれ自体で適法性の源泉であるような主権という思想を基礎づけようとしたテクスト総体であるということである。偽アルキュタスのテクストにおいては、このことは法律である主権者（basileus）と法律を遵守することに自らを限定している政務官（archon）との区別となって表現されている。法律と主権者とが同一視された結果、法律は序列として上位にある「生きた法律」（nomos empsychos）とそれに従属する書かれた法律（gramma）とに分割される。「わたしが言いたいのは、どの共同体もアルコーン（命令する政務官）、命令される者、そして第三に法律からなるということである。法律のうち、生きている法律が主権者であり（ho men empsychos ho basileus）、生命をもたないのが条文（gramma）である。法律が第一の要素をなしている以上、王は適法的であり、政務官は（法律に）従っており、命令される者は自由であり、都市全体は幸福である。しかしながら、もし逸脱が生じたなら、主権者は僭主となり、政務官は法律に従わず、共同体は災厄に見舞われる」(Delatte A., 1922, p. 84)。

ユダヤ教の律法に対するパウロの批判と類似したところがないわけではない込みいった戦略によって(その類似性はしばしばテクストそのものにも及んでいる。パウロ『ローマ人への手紙』三・二一「律法とは関係のない神の義」(choris nomou dikaiosyne)、ディオトゲネス「正義は法律なしでも存在する」(aneu nomou dikaiosyne)、そして偽アルキュタスにおいても、まさしくパウロにおけるのと同様に、法律は「文字」gramma と定義されている)、アノミー的な諸要素が、主権者の人格をつうじて、表向きは法律の優位性を毀損することなく、ポリス〔国〕に導入されるのである(実際にも主権者は「生きた法律」なのだ)。

5-4 アノミーと法とのあいだの隠れた連携は、ローマ帝政期のユースティティウムとは対照的でいくぶん正反対でさえある形象を表象しているもうひとつの現象においても、明るみに出される。民俗学者や人類学者たちは、古代世界の花と新酒を祝う春祭りとサトゥルヌス祭や中世と近代世界のシャリヴァリやカーニヴァルのような、無規制の放縦と通常の法的社会的なヒエラルキーの停止や転覆を特徴とする周期的な祝祭にかなり前から親しんできていた。さまざまな時代と文化の違いを越えて似たような特徴を備えていることが判明しているこれらの祝祭の期間中は、人間たちは動物に変装し、主人は奴隷に奉仕し、男と女は互いに役割を交代し、もろもろの犯罪的な行為も許されるか、あるいはいずれにせよ処罰できないものとみなされる。すなわち、これらの祝祭は、社会秩序を粉々にし、一時的に転覆するアノミーの期間を祝っているのである。これまで研究者たちは、秩序の確立した社会の内部でのこうしたアノミーの突然の爆発を説明することに、そしてとりわけ宗教的な権威からも世俗的な権威からもそれらの祝祭が許容されているという事実を説明することに、いつの場合にも困難を感じてきたのだった。

こうしたなかで、カール・モイリ〔一八九一—一九六八。スイス生まれの宗教学者〕は、これらのアノミー的な祝祭を太陽暦と結びついた農業の循環に引き戻したり（ヴィルヘルム・マンハルト〔一八三一—八〇。ドイツの民俗学者〕、ジェイムズ・フレイザー〔一八五四—一九四一。イギリスの社会人類学者〕）、周期的な浄めの機能に引き戻したりする（エドヴァルド・ヴェステルマルク〔一八六二—一九三九。フィンランドの社会人類学者〕）解釈に反対して、天才的な直観によって、古代ゲルマン法における法律の保護の外に置かれた状態（Friedlosigkeit）や古代イギリス法における放浪者（vargus）に対する迫害のように、いくつかの古代の法制度の特徴をなしている法律の停止状態と関連づけた。彼は一連の模範的な研究のなかで、シャリヴァリやその他のアノミー的な現象についての中世の記述において事細かく枚挙されている無秩序や暴力が残虐な儀式のさまざまな分節形態をいかに正確に再現しているかを明らかにしている。法の保護の外に置かれた者（Friedlos）や追放者は、それらの残虐な儀式をつうじて共同体から追放されたのであり、彼らの家の屋根はひっぺがされて破壊され、井戸に毒を入れられたり塩を投げこまれたりしたのだった。『フォーヴェル物語』〔一四世紀初頭のフランスの作者不詳の歌曲〕における前代未聞のシャリヴァリで描写されているさまざまな道化めいたふるまい（「或る者は自らの尻を丸出しにする／他の者は屋根を破壊する／或る者は窓とドアを叩き壊す／他の者は井戸に塩を投げこむ／また他の者は人びとの顔に汚物を投げつける／連中は本当に恐ろしくて野蛮だ」）は、無邪気な大騒ぎの一部であることをやめ、まさに『バイエルン部族法典』や中世都市のさまざまな刑法典のうちに、アノミー的な祝祭に対応するものやそれらを支えるコンテクストを次々と見いだしていく。同じことは、仮面をつけた祝祭や子供たちの物乞いにおいてなされていた行き過ぎたふるまいについても言える。後者の場合には、寄進する義務を果たさない者を子供たちが暴力でもって罰していたのであって、その痕跡をかすかにとどめているのがハロウィン祭である。「シャリヴァリは、古くから広範に普及していた民衆による裁きの行為を指すのに、場所と国に応じて異なった呼び方で呼ばれていた、多様な名称のひとつである。そして、その裁きはまったく同一とは言わないまでもよく似た形態で展開されていたのだった。そうした裁きの形態は、仮面をつけた周期的祝祭によっても、子供たちの伝統的な物乞いというようなそれらの極端化したものによっても、儀式的な処罰のなかで利用されてきた。だから、シャリヴァリ型の現象を解釈するためには、間違いなくそれらを活用することができるのである。さらに注意深く分析してみれば、一見すると粗野で騒々しい物乞いに見えるものが、実は太古から追放と財産没収が実行されるさいのきちんとした規定をもった伝統的な慣習であり法的な形態であることが明らかとなる」(Meuli, 1975, p. 473)。

もしモイリの仮説が正しいとするならば、アノミー的な祝祭の「適法的な無秩序」は、それ自体なんの説明にもならない古代の農耕儀礼へと送付するものではなく、法に内在するアノミー、ノモスの心臓部そのものに含まれているアノミー的衝動としての緊急状態をパロディ的な形態で明るみに出すものなのだ。

すなわち、アノミー的な祝祭は、法への生の最大限の従属が自由と放縦へと反転し、もっとも抑制の効かないアノミーがノモスとパロディ的なかたちでつながっていることを示す地帯へと、言いかえれば、アノミーと法とがどちらともつかない無差別状態にある閾としての事実上の例外状態へと向かっていくことの徴候なのである。あらゆる祝祭が服喪的性格を露わにし、あらゆる服喪が祝祭的性格を露わにするなかで、法とアノミーは相互の距離を明らかにすると同時に相互の秘められた連携をも明らかにするのだ。それはあたかも、法の世界が――そして、より一般的には、法と関連するかぎりでの人間の行為の領域が――、究極的には、互いに結合していながら対立している二つの緊張、すなわち、一方は規範からアノミーへと向かい、他方はアノミーから法律と規則へと導いていく、そうした二種類の緊張に貫かれた力の場として立ち現れているかのようである。ここから、法の分野を本質的な両義性によって特徴づけている二重のパラダイムが出てくる。一方は厳密な意味での規範的傾向であって、それは規範の厳格な体系となって結晶化することを目ざすが、それと生とのつながりは不可能とは言わないまでも問題含みである（すべてが規範によって規制されているような完璧な法の状態）。他方は例外状態あるいは生きた法律としての主権者という観念となってあふれ出していくアノミー的な傾向であって、そこでは規範を欠いた~~法律~~－の－力が生をそっくり包みこんでしまう力として作用するのである。

さまざまなアノミー的祝祭は法体系のこうした還元不可能な両義性を劇化する。と同時に、こうした二つの力のあいだの弁証法において賭けられているのが法と生との関係それ自体であることを示す。これら二つの力はアノミーをパロディ的に祝い、再生産するのであり、このことをつうじて、法律は、あくまでもそれ自体が例外状態において生ならびに生けるカオスになるという条件のもとで、カオスと生に適用されるのである。そしておそらくはいまこの瞬間に、規範とアノミー、法律と例外状態を結びつけることによって、法と生とのあいだの関係をも保証する憲法上の擬制をよりよく理解することを試みるべき時機が到来したのである。

第6章　権威と権限

6－1　ローマにおける例外状態についての分析のなかで、わたしたちはこれまで最終元老院決定とその結果としてのユースティティウムの宣言をつうじて法を停止する元老院の権限の基礎に何があるのかを問うことをしないできた。ユースティティウムを宣言する資格をもった主体がだれであれ、たしかなことは、どんな場合でもそれは元老院議員たちの権威によって（ex auctoritate patrum）宣言されるということである。実際、よく知られているように、ローマにおいて元老院のもっとも固有な特権を指す用語は、最高命令権（imperium）でも権限（potestas）でもなく、権威（auctoritas）であったのだ。元老院議員たちの権威（auctoritas patrum）こそ、ローマの国法における元老院に特有の機能を定義する用語なのであった。

この権威というカテゴリー——とりわけ権限に対置されたかたちでの——とともに、わたしたちはその定義が法の歴史においても、より一般的に哲学と政治理論においても、ほとんど乗りこえ不可能な障害やアポリアに出会うようにみえるひとつの現象を前にすることになる。一九五〇年代初頭にあるフランス人ローマ法史家は書いている。「とりわけむずかしいのは権威という概念の帯びているさまざまな法学的側面をひとつの統一的な観念に引き戻すことである」(Magdelain, 1990, p. 685)。また、同じ一九五〇年代の終わりには、ハナ・アーレントは、その論考「権威とは何か」を、権威はすでに「近代世界から姿を消して」しまっており、ものごとについてのいかなる「疑いの余地なき真正な」経験をたよることもできなくなってしまったなかで、「その言葉そのものも論争と混乱によってまったく曖昧模糊としたものになってしまった」と観察することでもって書き起こしている(Arendt, 1961, p. 91)。おそらく、こうした混乱の――さらにはそれらが含意している両義性の――証拠として、アドルノとエルス・フレンケル＝ブルンシュヴィックが「権威主義的パーソナリティ」に対する正面攻撃を敢行したわずか数年後に、アーレントが権威についての再評価を企てたという事実ほど、ふさわしいものはないのではないだろうか。他方でアーレントは「自由主義による権威と暴政との混同」(ibid., p. 97) を強く弾劾しながら、彼女からは間違いなく嫌われていたひとりの著者とこの弾劾を共有していたことには、たぶん気づいていなかった。

実際、一九三一年、カール・シュミットは『憲法の番人』という意味深長なタイトルをもつ小冊子において、権威と権限とを弁証法的に対置することによって、例外状態においてライヒ大統領は中立的権力を有することをはっきりさせようと試みていたのだった。彼は、アーレントの議論を先取りするかのように、ボダンもホッブズもなおも権威と権限とのあいだの区別の意味を評価することができていたことを想起したあとで、それに比べて「権威と自由、権威と民主主義を対立させ、そのあげく権威と独裁とを混同するにいたった現代の国家理論における伝統喪失」(Schmitt, 1931, p. 137)を嘆いている。シュミットはすでに一九二八年にも、その憲法学の大綱(『憲法論』)において、こうした対立の意味するところを定義することこそしていないものの、それが「国家の一般理論においてもつ大きな意義」を想起して、それの規定のためにローマ法に言及していた。「権威は元老院が持ち、これに対して、人民からは権限と最高命令権が引き出されるのだった」(Schmitt, 1928, p. 109)。

一九六八年、シュミット生誕八〇年記念論集に発表された権威の観念についての研究において、ひとりのスペイン人研究者ヘスス・フエヨは、権威と権限――「ローマ人が自らの共同体生活を考えるさいに使っていた原初的な意味を表現している二つの概念」(Fueyo, 1968, p. 212)――が現代において混同され、この二つの概念が主権の観念に合流したことが「近代の国家理論が哲学的首尾一貫性を欠いていることの原因なのであった」と指摘した。そして、その直後でこうも付け加えていた。このような混同は「たんにアカデミックなものにはとどまらず、近代的なものの政治秩序の形成へと導いてきた現実の過程のうちに書きこまれている」(ibid., p. 213) と。西洋の政治的な省察と実践のうちに書きこまれたこの「混同」の意味こそ、これからわたしたちが理解しようと努めなければならないものなのだ。

ℵ 権威 (auctoritas) という観念が特殊ローマ的なものであるということは大方の一致した見解であり、この言葉がギリシア語に翻訳できないということを論証するためにディオン・カッシウス〔一五五頃—二三五頃。ギリシア出身のローマの政治家。ローマ史をギリシア語で書いた歴史家としても知られる〕に言及するというのもステレオタイプとなっている。しかしながら、ローマ法に精通していたディオン・カッシウスは、よく繰り返し言われているようには、この用語が翻訳不可能であるとは言っていない。彼はむしろ、この言葉は「ひとたびできあがったならどのような場合にも」通用するようなかたちで訳すことはできないと言っているのである(「ギリシア語でひとたびできあがったならどのような場合にも通用するというようなことはありえない」〔ディオン・カッシウス『ローマ史』五五・三〕)。すなわち、この言葉をギリシア語に翻訳するさいには、コンテクストに応じてそのつど異なった用語を使用しなければならないというわけなのだが、この観念が広範囲にわたるものである以上、それは当然のことである。したがって、ディオン・カッシウスの念頭にあったのは、この用語のローマ的特殊性のようなものではなくて、それを単一の意味に還元することの困難さであったのである。

6－2　この問題の定義は、権威という観念が私法にも公法にもかかわる相対的に広範な法的現象学に言及しているという事実によって複雑にされている。二つの側面を単一のものに引き戻すことが可能であるのかどうかを検証するためには、分析を私法に関することがらから始めるのが好都合であろう。

私法学の分野においては、権威（auctoritas）とは、後見人〔助成者〕（auctor）、すなわち、独力では法的に妥当な行為を実現できない主体の行為に法的妥当性を付与するために――「わたしが後見人になる」（auctor fio）という専門的な定式を口にすることによって――介入する、という。かくて後見人の権威（auctoritas）は権利能力をもたない者の行為を適法的なものにするのであり、家父長の権威（auctoritas）は自らの権限のうちにある（in potestate）息子の結婚を「認可」する、すなわち適法的なものにするのである。これと同様にして、所有権引き渡し行為（mancipatio）において所有権を引き渡す者であった者は、所有権を受け取る者が第三者に対しておこなう権利承認の訴訟の過程で自らの所有権を適法と認めさせるのを援助するものとされていた。

この語は動詞の「増大させる」(augeo)から派生したものである。auctorとは、「増大させる者」(is qui auget)、だれかの行為――あるいは法的状況――を増大させたり、増進したり、完全なものにする者のことである。バンヴェニストは、『インド=ヨーロッパ諸制度語彙集』の「法」にあてられたセクションで、動詞augeo――インド=ヨーロッパ語圏においては、注目すべきことにも、この動詞は「力」を表現する用語群のなかに位置づけられている――の元来の意味は、たんに「すでに存在している何ものかを増やす」ことではなくて、「自分の内側から何ものかを生み出し、存在させる」ことであることを証明しようと努めたことがあった(Benveniste, 1969, vol. 2, p. 148)。しかしながら、本当を言えば、古典古代の法においては、この二つの意味はなんら矛盾するものではないのである。事実、ギリシア・ローマ世界は無からの(ex nihilo)創造を認めておらず、あらゆる創造行為は、いまだ形をなしていない質料であれ、いまだ不完全な存在であれ、完全なものにし成長させる必要のある何か他のものをつねに含んでいるのであった。あらゆる後見人がつねに共同後見人であるのと同じように、あらゆる創造はつねに共同創造なのである。マグドゥレンが巧みに書いているとおり、「権威はそれ自体では存立できない。認可するにせよ、承認するにせよ、それはそれが効力をあたえる相手である外的な活動を想定しているのである」(Magdelain, 1990, p. 685)。それはあたかも、何ものかが法のうちに存在するためには二つの要素(あるいは二つの主体)のあいだの関係が必要であるかのようである。すなわち、権威を授けられたものと、狭い厳密な意味での行為のイニシアティヴをとるものの二つである。もし二つの要素あるいは主体が合致すれば、行為は完全なものとなる。これに対して、もしそれら二つのあいだに溝が存在したり連結が欠如していたりする場合には、行為が効力をもつようにするために権威の補完が必要となる。しかしながら、そもそも後見人＝「増大させる者」の「力」はどこからやってくるのか。また、この「増大させる」力とは何なのか。

権威は受託者あるいは法定代理人によって履行される行為の責任が委託者にあるとされる場合の代理権とはなんの関係もないということは、これまで適切にも指摘されてきたとおりである。後見人の行為は、彼が（未成年者や権利能力をもたない者に代わって）付与されている、なにか法的代理権限のようなものに基礎を置いているのではない。それは直接にその家父長としての条件から出てくるのである。同様に、所有権を受け取る者を守るために保証人として介入する所有権を引き渡す者の行為は、近代的な意味での担保権とはなんの関係もない。たとえば、その晩年に私法における権威に関する統一理論を素描することを試みたピエール・ノアイユは、それは「人格、それも元来は物理的人格に本来的に備わっている属性であり（…）、求められた条件のもとで、他者によってつくり出された法的状況に基礎をあたえるものとして奉仕するひとりのローマ人に属する特権である」（Noailles, 1948, p. 274）と書くことができた。

そのさい、彼は次のように付け加えている。「家族法であれ私法であれ公法であれ、古代法がもつあらゆる潜勢力と同様に、権威（auctoritas）も、拘束されることも制裁を受けることもない純粋で単純な法という片務的なモデルにしたがって概念化されたのである」（ibid.）と。けれども、「わたしは後見人になる」（auctor fio）という定式――たんに「わたしは後見人である」（auctor sum）ではなくて――のことを省みてみただけでも、それが法の自発的な執行を意味するものではなくて、後見人の人格それ自体のうちにあっての非人格的な潜勢力の実現を意味するものであるらしいことは十分にわかるはずである。

6-3 公法においては、すでに見たとおり、権威は元老院のもっとも本来的な特権である。それゆえにまた、この特権を行使する主体は、元老院議員〔父たち〕（patres）である。「元老院議員の権威」（auctoritas patrum）や「元老院議員が権威者となる」（patres auctores fiunt）といった定式は、元老院の国制上の機能を表現するための常套的な定式なのだ。しかしながら、法史家たちはこの機能を定義するのにつねに苦労してきた。すでにモムゼンが指摘したことがあったように、元老院は固有の活動をもっておらず、政務官職に協力するというかたちをとることによってだけ、あるいは法律を承認することによって民会の決定を補完するためにだけ、行動することができるにすぎない。それは政務官たちから意見を求められることがなければ自らの意見を表明することはできず、ただ要求すること、あるいは「助言」すること——その専門用語が consultum である——ができるにすぎない。しかも、この「助言」は絶対的なかたちでの拘束力をもつことはけっしてないのであった。「もし彼ら［政務官たち］にとって好都合であると思われるならば」（si eis videatur）というのが、元老院決定のきまり文句である。最終元老院決定（senatus consultum ultimum）という極限的な場合においても、この定式にはわずかに強勢がほどこされるにすぎない。「コーンスルたちよ、事態を見てみたまえ」（videant consules）と。モムゼンは権威のこの特異な性格を表現しようとして、それは「命令以下であり助言以上である」（Mommsen, 1969, p. 1034）というように書いている。

いずれにせよたしかなことは、権威が政務官たちや人民の権限や最高命令権とはなんの関係もないということである。元老院議員は政務官ではないし、政務官たちや人民の決定を指すのに用いられる動詞「命令する」（iubere）が元老院議員の「決定」に対して使われているのをわたしたちはほとんど見たことがない。しかしまた、私法における後見人の形象との強いアナロジーによって、「元老院議員の権威」は、民会の決定を承認し、それに十全な効力をもたせるために介入してくる。同じひとつの定式（「わたしがアウクトル（auctor）になる」）が、未成年者の行為を補完する後見人の行動をも、民会の決定の元老院による承認をも指示する。ここでのアナロジーは、家父長たちが未成年者に対して後見人として行動するのと同じように、人民は未成年者とみなされなければならないということをかならずしも意味してはいない。本質的であるのはむしろ、元老院決定の場合にも、私法の領域において完全な法的行動を定義する例の諸要素の二重性が存在するということである。権威と権限とは、互いにはっきりと区別されている。しかしまた、それと同時に両者は一体となって二項からなるひとつの体系を形成しているのである。

ℵ　「元老院議員の権威」と私法上の後見人とを単一のパラダイムに統合しようと目指している研究者たちのあいだで展開されている論争は、もし両者のあいだのアナロジーがさまざまな個別の形象にかかわるものではなく、その統合が十全な行為を構成するような二つの要素のあいだの関係の構造それ自体にかかわるものであるということを考慮に入れるなら、容易に解決される。すでにハインツェは、ローマ法学者たちに著しい影響をあたえた一九二五年の研究において、未成年者と人民とのあいだの共通要素を次のような表現によって定義していた。「未成年者と人民はなんらかの指導に従うよう義務づけられているが、彼らの義務は別の主体の協力なしには実行されえないのである」(Heinze, 1925, p. 350)。すなわち、重要なのは研究者たちが「公法を私法の光のもとで描こう」(Biscardi, 1987, p. 119) という傾向を示しているといったようなことではなくて、あとで見るように、法の本性それ自体にかかわる構造的な類似性のほうなのだ。法的効力というのは人間的行為の本源的な性格なのではなくて、「適法性を授与する潜勢力」(Magdelain, 1990, p. 686)をつうじてそれらの行為に伝達されなければならないものなのである。

6-4 この「適法性を授与する潜勢力」の本性をそれと政務官たちや人民の権限との関係性のなかでより正確に定義してみよう。この関係性を把握しようとしたさまざまな試みは、これまで最終元老院決定とユースティティウムにおいて問題となっている権威の極限的な形象を考慮に入れてこなかった。ユースティティウムは――すでに見てきたとおり――法秩序のまがうことなき停止を生み出す。とりわけコーンスルは民間人の地位に引き戻され(in privato abditi)、他方ですべての民間人があたかも最高命令権を付与されたかのように行動する。これと正反対の対称性を見せたのが、紀元前二一一年、ハンニバルのローマ接近にさいして、元老院決定が元独裁官や元コーンスル、元査定官らの最高命令権を復活させた事例である。「敵が街の壁の外に撤退するまで、かつて独裁官、コーンスル、査定官であったすべての者たちが最高命令権を有する旨、決定された」(リウィウス『ローマ建国史』二六・一〇・九)。極限的な事例――すなわち、もし例外と極限的状況こそがつねにある法的制度のもっとも本来的な性格を定義するというのが本当であるとするならば、その本性をよりよく定義する事例――の場合には、権威は、権限が生じているところではそれを停止させ、権限がもはや効力をもたなくなってしまったところではそれを復活させる力として作用しているように思われる。それは法を停止したり復活させたりするが、形式的には法としての効力を発揮することがないひとつの力なのだ。

権威と権限とのあいだの――排除しあうと同時に補完しあう――このような関係は、その制度に備わった元老院議員の権威がここでもまたその独特の機能を発揮するようなもうひとつの制度にも見いだされる。インテルレーグヌム（interregnum）という制度〔空位期間中摂政王を置く制度〕がそれである。君主政体の終焉後、死去によってかその他の理由によってか、もはや都市〔国〕にいかなるコーンスルも、ほかのいかなる政務官も（平民の代表者を除いて）いなかった場合には、「権威をもつ元老院議員」（patres auctores）――すなわち、新しく登録された元老院議員たち（patres conscripti）とは対立した関係にある、コーンスルの家系に属している元老院議員たちの集団――が、権力の継承関係を保障する摂政王を任命するのである。そのさいに使われた定式は、「国家共同体は父たちのもとに戻る」（res publica ad patres redit）、あるいは「鳥占権が父たちのもとに戻る」（auspicia ad patres redeunt）というものであった。マグドゥレンが書いているとおり、「摂政王の統治のあいだ、国法は停止される（…）。国家共同体は、政務官たちも存在せず、元老院も開かれず、各種の民会も開かれない状態となる。そこで父たち（patres）からなる元老院議員の集団が一堂に会し、主権者として最初の摂政王を任命する。

そして、今度はこの摂政王が自らの後継者を任命するのである」(Magdelain, 1990, pp. 359 ff.)。ここでも権威は権限の停止とのつながりを示しており、それと同時に、例外的な状況において国家共同体の運営を保障する能力が自分には備わっていることをも示している。ここでもやはり、この特権は「権威をもつ元老院議員」そのものの存在に直接に属しているのである。実際、最初の摂政王に付与されているのは、政務官のような最高命令権ではなく、鳥占権であるにすぎない(ibid., p. 356)。そして、アッピウス・クラウディウス〔紀元前五世紀のローマの政治家。リウィウスの受容している言い伝えによれば、ローマに十二表法を導入した十人官の代表者であったという〕は、平民たちに対抗して鳥占権の重要性を擁護して、鳥占権は父たちに私的なかたちで排他的に帰属していると主張したのだった。「鳥占権は、わたしたちがそれを私的に有していると思われるほどまでに、わたしたちに本来的なものなのだ」(リウィウス『ローマ建国史』六・四一・六)。空位状態にある権限(potestas)を復活させる力は、人民や政務官から受託した法的権限ではないのであって、父たち=元老院議員(patres)の私的な地位から直接に湧き出てくるものなのである。

6-5 権威が法の停止というその特殊な機能を発揮する第三の制度は、公敵判定(hostis iudicatio)である。あるローマ市民が陰謀や裏切り行為によって国家の安寧を脅かしたような例外的状況においては、この市民は元老院から公敵（hostis）と宣告されることがありえた。公敵と判定された者（hostis iudicatus）は、ただ単純に外敵（hostis alienigena）と同等扱いをされることはなかった。というのも、外敵はつねに万民法（ius gentium）によって保護されていたからである（Nissen, 1877, p. 27）。むしろ公敵は、あらゆる法的地位を根本から剝奪されたのだった。それゆえ、いつでも財産を没収され殺されることが許されていた。権威によって停止されているのは、ここではたんに法秩序ではなくて、市民権（ius civis）、すなわちローマ市民の地位そのものなのだ。

権威と権限とのあいだの――敵対関係的であると同時に相互補完的な――この関係は、最後には、モムゼンが最初にそのことに着目したあるひとつの特異な用語法のうちに示されている。元老院の権威（senatus auctoritas）という語句は、法技術的な意味では、それには異議制度（intercessio）が対置されていることからみて、法的効果を欠いており、ひいてはいかなる場合にも執行されることのない――たとえそのようなものとして公式文書に記載されている（「記載された権威」［auctoritas perscripta］）にしてもである――例の元老院決定を指し示すために使用されていると考えられる。すなわち、元老院の権威がそのもっとも純粋かつ明快なかたちで姿を現すのは、それがひとりの政務官の権限によって無効にされたときであり、法の効力に絶対的に対立しつつ、たんなる書かれたものとして生きているときなのである。ここで権威は、一瞬の間だけ、その本質を明らかにする。「適法性を授与する」と同時に法を停止することのできる潜勢力は、その法的無効性が最大限に到達した時点で自らのもっとも本来的な性格を露呈するのである。これこそは、法が全面的に停止された場合にも法の残っているもの（**ciò che resta del diritto**）なのだ（この意味では、それはカフカの寓話のベンヤミンによる読解のなかで、法ではなくて生であると言われているもの、あらゆる点で生と判別不能になってしまった法にほかならない）。

6‐6　この特異な特権の意味するものをよりよく理解することができるのは、おそらく元首たちの権威（**auctoritas principis**）においてである――すなわち、アウグストゥス〔皇帝オクタウィアヌス〕が『神君アウグストゥスの業績録』の有名な一節において、権威こそは元首に固有の地位の基礎であると主張する瞬間においてである。いま問題となっているくだりのより正確な復元を可能にした「アンティオケイア碑文」〔属州ガラティアの一地方ピシディアのアンティオケイアで一九一四年に最初の断片が発見されたラテン語の碑文〕の一九二四年における公表こそが、権威についての現代の諸研究の再活性化と軌を一にしていることは注目に値する。実質的に何が問題となっていたのか。問題となっていたのは、その完全な姿ではギリシア語訳でのみ立証されていた『業績録』の第三四節の一部を含むラテン語による一連の碑文の断片であった。モムゼンはラテン語テクストを次のように復元していた。「それ以後、わたしは威厳の上ですべての人に立ち勝っても、権限の上ではどんな政務官にせよ、わたしの同僚であった他の人を凌駕しなかった」。* ところが、「アンティオケイア碑文」は、アウグストゥスが「威厳の上で」(dignitate) ではなくて「権威の上で」(auctoritate) と書いていたことを証明したのである。ハインツェは一九二五年にこの新しい史料に注解をくわえて書いている。「わたしたち文献学者はみな、モムゼンの権威に盲目的に追随してきたことを恥じるべきだろう。権限 (potestas)、すなわち政務官の法的権限に唯一対置が可能であったのは、この一節では、威厳 (dignitas) ではなくて、権威 (auctoritas) だったのである」(Heinze, 1925, p. 348) と。

よくあるように、そのうえ研究者たちも見逃さなかったように、その観念の再発見——その後の一〇年間に権威について書かれた重要な研究論文は一五本を下らない——は、ヨーロッパ社会の政治生活において権威主義的原理が徐々に重みを増していったのと歩調をともにして進んだ。あるドイツ人研究者は一九三七年に書いている。「権威、すなわちわたしたちの新しい権威主義的諸国家における公法にとって基本的なこの概念は、文字にしたがってだけではなく、その内容の観点からも、元首政の時代のローマ法から出発することによってのみ理解可能となるのである」と (Wenger, 1937-39, vol. 1, p. 152)。けれども、ローマ法とわたしたちの政治的経験とのあいだのこの連関は、まさしく、なおも探究されるべき課題としてわたしたちに残されているのではないだろうか。

6-7 さて、『業績録』の例のくだりに戻るならば、決定的なのは、ここでアウグストゥスが自らの国法上の権力の特殊性を権限（potestas）という確固とした言い方によってではなく――こちらのほうについては、彼は政務機構において彼と同僚の者たちと共有していると宣言している――、権威（auctoritas）という、より曖昧な言い方で定義しているということである。元老院が紀元前二七年一月一六日に彼にあたえた称号「アウグストゥス」の意味は、この権利要求と完全に合致している。この語は動詞「増大させる」（augeo）や後見人・保証人（auctor）と同一の語源からやってきており、ディオン・カッシウスが注記しているとおり、「権限（potestas）［dynamis］を意味するものではなくて（…）、権威（auctoritas）の輝き［ten tou axiomatos lamproteta］を示しているのである」（『ローマ史』五三・一八・二）。

アウグストゥスは、共和政体を再建するという自らの意図を宣言した同年一月一三日の布告

* Mommsen, *Res gesta divi Augusti*, 1865――この校訂本を公表するにあたってモムゼンが準拠したのは、一五五五年に属州ガラティアのアンキュラで発見されたラテン語本文とギリシア語訳文からなる「アンキュラ碑文」である

において、自らを「もっとも高い地位にあるアウクトル」と定義している。マグドゥレンが鋭くも指摘しているように、ここでは「アウクトル」(auctor)という用語は「創設者」という一般的な意味ではなく、「所有権引き渡し行為(mancipatio)における保証人」という法技術的な意味にとられなければならない。アウグストゥスが考えていた共和政体の再建というのは国家共同体を自分の手から人民と元老院の手に移すことであったのだから(『業績録』三四・一参照)、「もっとも高い地位にあるアウクトル(auctor optimi status)という定式のうちで(…)、アウクトルという語は十分に厳密な法的意味をもっており、国家共同体の移行という考えへとわたしたちを送り届ける(…)。アウグストゥスは、かくして人民と元老院に権限を返還したアウクトルであるということになるだろう。それは、ちょうど所有権引き渡し行為において、所有権を引き渡す者が、譲渡された物件に関して、所有権を受け取る者にとって、所有権を受け取る者が取得した権利の保証人(auctor)となるのと同様である」(Magdelain, 1947, p. 57)。

いずれにせよ、わたしたちが政務官の最高命令権(imperium)を参照するよう指示している――皇帝(inperator)という――用語をつうじて定義することに慣れてしまっているローマの元首政とは、政務官権限なのではなくて、権威の極限的形態なのである。ハインツェがこの対立構造を正確に定義している。「あらゆる政務官権限は、そのなかに個人が入りこむ、その個人の権力の源泉を構成している、あらかじめ定められた形式である。これに対して、権威は、人物から、その人物をつうじて構成されるものとして、湧き出てくるのであり、その人物のうちでのみ生き、その人物とともに消えてなくなるのである」（Heinze, 1925, p. 356）と。もしアウグストゥスがあらゆる政務官権限を人民と元老院から受託しているのだとするならば、権威のほうは、これとは逆に、彼の人格と結びついており、彼を「もっとも高い地位にあるアウクトル」、言いかえればローマの政治生活全体を正当化し保証するような人物として構成するのである。

ここからは、彼の人格の特異な地位が見えてくる。そして、それはその重要性がこれまで研究者たちによって十分に評価されてはこなかったひとつの事実のうちにうかがえる。ディオン・カッシウス（『ローマ史』五五・一二・五）がわたしたちに報告しているところによれば、アウグストゥスは「自分の家の全体を公共のものにして（…）同時に公共施設としても自宅としても住めるようにした」という。彼が付与されていた政務官権限ではなくて、彼が体現していた権威こそが、私的な生活と家屋のようなものを別扱いすることを不可能にしていたのだった。パラティウムの丘にあったアウグストゥスの屋敷ではウェスタ神〔炉と炉の火の女神〕にひとつの偶像（signum）が捧げられていたという事実も、同じ意味に解釈されなければならない。フラスケッティが適切にも指摘しているところによると、ウェスタ神信仰とローマ人民の公共的なペナーテース神〔家と家庭の守護神〕信仰とのあいだには緊密なつながりが存在する以上、それが意味するのはアウグストゥスの家族のペナーテース神がローマ人民のペナーテース神と同一化していたということであり、したがってまた「一家族の私的な信仰（…）と都市における優れて共同体的な信仰（ウェスタ神やローマ人民の公共的信仰対象であったペナーテースの神々への信仰）とがアウグストゥスの家のなかでは事実上相同的なものでありえたのかもしれない」（Fraschetti, 1990, p. 359）ということである。「尊厳ある〔アウグストゥスの〕」生活は、一般の市民たちの場合のように、公的／私的という対立関係をつうじて定義することはできないのである。

ℵ　この光に照らして王の二つの身体についてのエルンスト・カントーロヴィチの理論〔『王の二つの身体』（一九五七年）〕を再読し、いくつかの訂正をほどこしておくべきだろう。カントーロヴィチは、彼がイギリスとフランスの君主政体のために復元しようと努めていた理論にはローマの先例が存在することの重要性を概して過小評価していた。そのために彼は権威と権限とのあいだの区別を王の二つの身体の問題や「威厳は死なない」（dignitas non moritur）という原則と関連づけるということをしなかった。しかしながら、主権者はたんなる権限の体現者ではなくて、まずなによりも権威の体現者であったからこそ、権威は「似像の葬儀」（funus imaginarium）において主権者の蠟製の分身を仕立てあげるという複雑な儀式を必要とするほどに主権者の物理的人格と緊密に結びついていたのである。一政務官の権限が終焉したということだけなら、それはいかなる仕方でも身体の問題を含まない。ある政務官が他の政務官の地位を引き継ぐさいには、この職務の不死性を前提とする必要はない。主権者は、ローマの元首以来、自らの人格それ自身において権威を表現しているからこそ、また「尊厳ある」生活においては公的なものと私的なものとが絶対的な無区別の地帯に入ってしまっているからこそ、威厳（dignitas――これは権威の同義語にほかならない）の連続性を保証するために二つの身体を区別することが必要になるのである。

ファシズム体制におけるドゥーチェ（Duce）〔統領〕やナチズム体制におけるフューラー（Führer）〔総統〕のような現代の現象を理解しようとするさいにも、重要なのは、彼らと元首の権威との連続性を忘れないことである。ドゥーチェもフューラーも憲法に規定された政務官職や公的職務を代表しているわけではない。たとえムッソリーニとヒトラーが、ちょうどアウグストゥスがコーンスルの最高命令権や護民官の権限を引き受けたように、それぞれ、内閣の首相やライヒの宰相の職務を引き受けていたにしてもである。ドゥーチェやフューラーとしての資質は直接に当人の物理的人格につながっており、権威の生政治的な伝統に所属しているのであって、権限の法的な伝統に所属しているのではない。

6-8 注目に値するのは、現代の研究者たちが権威を元老院議員あるいは元首の生きた人格に直接に帰属させるという要求をこんなにも自ら進んで受け入れようとしてきたことである。明らかにひとつのイデオロギーであったもの、すなわち、権限に対する権威の優位性——あるいはともかくも特殊な地位——を基礎づけるはずの擬制であったものが、こうして法が生に内在していることの形象に転化するのである。こうしたことが生じたのが、ヨーロッパにおいて権威主義的原理がファシズムやナチズムをつうじて思いもかけない突然の再生を見たまさにその時期だったことは、偶然ではない。なるほど、アウグストゥスとかナポレオンとかヒトラーのなかにそのつど体現される永遠の人間類型のようなものが存在するわけではなくて、多かれ少なかれ似通った法的装置——例外状態、ユースティティウム、元首の権威、総統支配体制（Führertum）——が一九三〇年代に多かれ少なかれ異なった状況下で、とりわけドイツにおいて（しかしまたドイツだけではなく）使用されたにすぎないということは明らかであるものの、ヴェーバーが「カリスマ的」と定義した権力は、権威の観念と結びつけられ、指導者の原初的で人格的な権力としての総統支配体制の理論へと練りあげられたのだった。たとえば、シュミットは、一九三三年に国民社会主義の基本的諸概念を素描しようと試みた短い論考のなかで、指導（Führung）の原則を「指導者と追随者とのあいだの血筋〔出自〕の同一性」によって定義している（これは「カリスマ」に関するヴェーバーの考え方を取りあげなおしたものであることに注意されたい）。一九三八年にはベルリンの法学者ハインリッヒ・トリーペルの著作『ヘゲモニー』が刊行されており、すかさずシュミットが書評をしている。この本は第一部で、既存の秩序に基礎を置くのではなく、人格的なカリスマに基礎を置いた権威としての総統支配体制の理論を陳述している。フューラーは心理学的なカテゴリー（エネルギッシュで自覚的で創造的な意志）によって定義されており、フューラーと社会集団との一体性やフューラーの権力の原初的で人格的な性格がことのほか強調されている。

さらに一九四七年にはローマ法研究の長老ピエトロ・デ・フランチシが『支配の奥義』を刊行して、権力の「始原形態」の分析に多くのページを割き、一種の婉曲語法を用いることでファシズムから距離をとるよう努めながら、ドゥクトゥス（ductus）〔指導〕――ならびに、それを体現したドゥクトール（ductor）〔指導者〕――についての定義をおこなっている。デ・フランチシは、権力に関するヴェーバーの三類型（伝統的支配・合法的支配・カリスマ的支配）を、権威／権限の対立に立脚した二項図式につくりかえている。ドゥクトールあるいはフューラーの権威は派生的なものではけっしてありえず、つねに本源的なものであり、その人物の人格から湧き出てくる。さらに、それはその本質において強制的なものではなく、すでにトリーペルが明らかにしていたように、同意と「価値の優越性」の自由な承認とに基礎を置いている。トリーペルにしてもデ・フランチシにしても、たしかにナチズムやファシズムの統治技術を目にしていながらも、彼らが記述する権力の本源性という見かけが法秩序の停止あるいは中立化――すなわち究極においては例外状態に由来するものであるということに気づいているようには見えない。「カリスマ」は――この言葉がパウロの恩寵（charis）への参照を求めているという（ヴェーバーにおいては完全に意識されていた）事実が示唆しているように――法律の中立化と合致しているのであって、権力のより本源的な形象と合致しているわけではないのだ。

　いずれにせよ、三人の著者が当然のこととみなしているように思われるのは、権威主義的－カリスマ的権力がほとんど魔術的なかたちでフューラーの人格そのものから湧き出てくるということである。法は究極的には生と合致すべきであるという要求が、これ以上強力に主張されえたことはなかった。この意味では、権威についての学説は、法を最終的には生と同一のもの、あるいは生に直接的に節合されたものとみなす法学的思考の伝統と、少なくとも部分的には合致しているのである。サヴィニー〔一七七九―一八六一〕のモットー（「法とはある特別の視点から見られた生にほかならない」）には、二〇世紀においては、ルードルフ・スメント〔一八八二―一九七五〕のテーゼが対応していた。それによれば、「規範は、自らの妥当性の基礎（Geltungsgrund）、自らの特殊な性質、自らの妥当性の意味するものを生と生に付与された意味から受け取っているのであって、それはちょうど逆に、生が自らに託された規範化された生の意味（Lebensinn）から出発することによってのみ理解されなければならないのと同様である」(Smend, 1954, p. 300)。ロマン主義のイデオロギーにおいては、たとえば言語のようなものが十全に理解可能となるのは民衆との直接的な関係においてのみであったように(そして、その逆もまた真であったように)、法と生も、相互に基礎づけあうなかで緊密に伴立したものでなければならない。権威と権限の弁証法は、まさにこのような伴立関係をあらわしている(この意味では権威というパラダイムは本源的に生政治的な性格を有するということができる)。規範が通常の事例に適用可能であり、法秩序を全面的に無効にすることなく停止されうるのは、権威あるいは主権者の決定という形態においては、規範が直接に生にかかわり、生から湧き出てくるからなのである。

6−9 おそらくここにいたってようやく、これまで辿ってきた行程を振り返って、例外状態に関するわたしたちの調査からいくつかの暫定的な結論を引き出すことが可能となる。西洋の法体系は、異質ではあるが同格の二つの要素からなる二重構造として現れる。すなわち、一方は狭い意味での規範的かつ法的な要素であり——それをわたしたちは便宜上権限という標題のもとに登録しておくことができる——、他方はアノミー的でメタ法的な要素である——それをわたしたちは権威の名で呼ぶことができる。

規範的要素は、自らを適用できるようにするためにはアノミー的な要素を必要とする。が、他方で権威は、権限が効力を発揮しているか停止しているかということとの関連においてのみ、自らを主張することができる。ある程度までは敵対的でありながら機能的にはつながっているこれら二つの要素のあいだの弁証法の結果生じたものであるかぎりで、法の古来の住まいは脆いものであって、自らの秩序の維持に向けた緊張のなかで、つねにすでに崩壊と腐敗の瀬戸際にある。例外状態は、究極においては、アノミーとノモス、生と法、権威と権限とがどちらともつかない決定不能性の状態にある閾を設けることによって、法的‐政治的な機械の二つの側面を分節すると同時にともに保持するための装置である。それは、アノミーが――権威という形態、生きた法律あるいは法‐の‐力という形態において――なおも法秩序との関係を保っており、そして規範を停止する権力が生を直接的に掌握しているというような、ひとつの本質的な擬制に基礎を置いている。二つの要素が相互に関連しあっていながらも、概念的には時間の点でも主体の点でも区別された状態にとどまっているかぎり――ちょうどローマ共和政における元老院と人民とのあいだの対立状態のように、あるいは中世ヨーロッパにおける霊的権力と世俗的権力とのあいだの対立状態のように――、二つの要素のあいだの弁証法は――ある擬制を基礎としたものであるとはいえ――それでもなおなんらかの仕方で機能しうる。しかしながら、それらが唯ひとりの人格のうちで合体しようとする傾向を見せるときには、そしてそれらがつながりあい、どちらともつかない決定不能状態に陥ってしまうような例外状態が規則〔通常の状態〕に転化するときには、法的－政治的体系は死を招く機械に変貌してしまう。

6－10　この調査――「わたしたちがそのなかに生きている」例外状態という緊急性のただなかにあっての――の目的は、わたしたちの時代のこの第一級の支配の奥義（arcanum imperii）を管轄している擬制を明るみに出すことだった。権力の「玉手箱」（arca）がその中心に内包しているものは何かといえば、それは例外状態である。しかし、例外状態というのは本質からして空虚な空間であって、そこでは法との関係をもたない人間の行動が生との関係をもたない規範に対峙しているのである。

こう述べたからといって、空虚な中心をもった機械が効力をもたないということを言っているのではない。むしろ逆に、わたしたちが示そうとしてきたのは、まさしく、この機械は第一次大戦このかた、ファシズムとナチズムをつうじて現代にいたるまで、ほとんど中断なく機能しつづけてきたということなのだ。それどころか、例外状態は今日、その惑星的な規模での最大限の展開を達成するにいたっている。法の規範的側面は統治の暴力によってものの見事に忘却され論駁されてしまっており、国外では国際法を無視し、国内では恒常的例外状態をつくり出しながら、それにもかかわらず、なおも法を適用しつつあるふりをしているのである。

いうまでもなく、例外状態を時間的にも空間的にも一定の限界の枠内に引き戻して、究極においてはそれのうちに自らの基礎を見いだしている規範と諸権利の優位性を再度主張することが問題なのではない。わたしたちがそのなかに生きている事実上の例外状態から法治国家に回帰することは不可能である。というのも、いまや問題に付されているのは「国家」とか「法」といった概念それ自体だからである。しかしながら、もしこの機械を停止させ、その中心にある擬制を暴露しようと試みることが可能であるとするならば、それは暴力と法、生と規範とのあいだにはいかなる実質的な節合も存在しないからにほかならない。それらをなんとしてでも関係させつづけておこうと努める運動と並んで、法と生のなかで反対の方向で活動しながら、人為的かつ暴力的に結びつけられてきたものをそのつど解体しようと努める対抗運動が存在する。すなわち、わたしたちの文化の緊張の場にあっては、二つの対立しあう力が働いているのである。一方はものごとを制定し設定する力であり、他方はものごとを不活性化し撤廃する力である。例外状態というのは、それら二つの力の最大級の緊張点であると同時に、規則と合体してしまうことによって今日それらの力を識別不能にしてしまいかねないものでもあるのだ。例外状態のなかにあって生きるということは、こうした可能性を二つながらに経験することを意味すると同時に、しかしまた、この二つの力を事あるごとに分離することによって、西洋を世界的内戦に導きつつあるあの機械の作動を中断させるべく、休むことなく試みることをも意味する。

6-11　例外状態によって生み出される生と法、アノミーとノモスの節合が効力をもつが擬制であるというのが本当だとして、しかしまたそのことから次のような帰結、すなわち、法的装置の彼方、あるいは手前にあって、法的装置がその断裂を代表すると同時にその不可能な構成をも代表しているようなものに、なんらかの側からか直接に接近することができるといったような帰結を導き出すことはできない。まずは自然的生物学的な与件としての生と自然状態としてのアノミーが存在しており、そのあとで例外状態をつうじて両者が法のうちに包含されるということではないのである。それとは逆に、生と法、アノミーとノモスを区別する可能性それ自体が、生政治的な機械のうちでの両者の節合と同時に生じるのである。剝き出しの生は、その機械の産物であって、その機械に先立って存在する何ものかではない。これと同様に、法は自然のうちや神の知性のうちにいかなる裁判所ももたないのである。生と法、アノミーとノモス、権威と権限、これらは或るものの切断から生じるのであり、この或るものへは、これらのものの節合という擬制と、そうした擬制の仮面を剝ぎ取ることによって、統一しているふりをしていたものを分離する辛抱強い仕事をつうじてしか、接近の道はないのである。しかしながら、魔法からの解放は魔法にかかっていた者を魔法にかかる以前の原初の状態へ送り返しはしない。純真無垢さはけっして原初の状態のうちには存在しないという原則にしたがって、それは魔法にかかっていた者に新しい状態へと入りこむ可能性をあたえるにすぎない。

　法を生との非‐関係において提示し、生を法との非‐関係において提示することは、両者のあいだにかつては「政治」という名前を自らに要求していた人間的活動のための空間を開示することを意味している。政治が長らく蝕の状態に置かれてきたのは、それが法によって汚染され、たんに法と交渉する権力に引き戻されてしまわない場合でも、自らをたかだか構成的な権力（すなわち法を制定する暴力）であると考えてきたからである。ところが、本当の意味で政治的なのは、暴力と法とのあいだのつながりを断ち切るような行動だけなのだ。そして、このようにして開かれた空間から出発することによってのみ、例外状態において法を生に結びつけていた装置を不活性化したあとで、法の使用の可能性についての質問を提出することが可能となるだろう。そのときには、わたしたちは、ベンヤミンが「純粋」言語や「純粋」暴力ということを口にしているような意味での「純粋」法なるものを眼前にすることになるだろう。何も命令せず、何も禁止せず、ただ自らのことを言うだけの、非拘束的な言葉には、目的との関連をもたずに自らを示すだけの純粋手段としての活動が対応するだろう。そして、両者のあいだには、失われてしまった原初の状態ではなく、法と神話の潜勢力が例外状態のなかにあって捉えようと努めてきた人間的な使用と実践だけが存在するのである。

訳者解説

例外状態をめぐって──シュミット、ベンヤミン、アガンベン

上村忠男

本書は、ジョルジョ・アガンベン著『例外状態』*Stato di eccezione*（二〇〇三年）の翻訳である。《ホモ・サケル》シリーズのII－1にあたる。II－2にあたる『王国と栄光──経済と統治の神学的系譜学のために』*Il regno e la gloria. Per una genealogia teologica dell'economia e del governo* も今年二〇〇七年に出版された。これで、『ホモ・サケル──主権的権力と剝き出しの生』*Homo sacer. Il potere sovrano e la vita nuda*（一九九五年。高桑和巳訳、以文社、二〇〇三年）と『アウシュヴィッツの残りのもの──アルシーヴと証人』*Quel che resta di Auschwitz. L'archivio e il testimone*（一九九八年。上村忠男・廣石正和訳、月曜社、二〇〇一年）と合わせて、《ホモ・サケル》三部作はひとまず完結したとみてよいだろう。

さて、本書のエピグラフには「なぜあなたがた法学者はあなたがたの職務について黙して語らないのですか?」という法学者たちへの問いかけの言葉が掲げられている。

本書『例外状態』のイタリア語初版が刊行されて間もない二〇〇四年夏、オンライン誌『経済・財政高等教育』*Scuola superiore dell'economia e delle finanze* 第一年六-七号にジャンルーカ・サッコによるアガンベンへのインタヴュー記事「政治神学から経済神学へ」が掲載された。当時はまだ題名が決まっていなかった《ホモ・サケル》II-2の構想について語ったものであったが、そこでのアガンベンの証言によると、この言葉はイタリア・ルネサンス期の人文主義法学者アルベリーコ・ジェンティーレ(またはジェンティーリ)の言葉「神学者よ、他人の職務には口出しするな」をもじったものであるという。本書『例外状態』は、法学者たちが「黙して語らない」でいるひとつの主題、すなわち「例外状態」という主題に探査の測鉛を下ろそうとこころみたものである。

例外状態については、ドイツの法学者にして政治学者のカール・シュミットが『政治神学』(一九二二年)において「主権者とは例外について決定をくだす者をいう」と定義して以来、とりわけ政治哲学者のあいだでは主権との関係においてさまざまな議論の的となってきた。しかし、アガンベンの診断によると、肝腎の法学者、とりわけ公法学者のあいだでは、それが法理論上の問題として正面からとりあげられることはほとんどないまま、今日にいたっているという。

理由としてはまず、大方の法学者の眼には、例外状態の問題は法理論上の問題というよりはたんなる事実問題であるように映ったということが挙げられる。そして、これには、「必要は法律をもたない」（necessitas legem non habet）という古くからの格言がさらなる拍車をかける。例外の根拠となっているのは、緊急の必要ということである。だとすれば、必要は法律をもたないのであって、たとえば内戦とか蜂起とかレジスタンスといったような必要状態＝緊急事態に直面してとられる例外的な諸措置は、もっぱら主権者の決定にゆだねられている。すなわち、例外状態にかんする問題は、ことがらの性質上、なによりも政治的領域において把握されるべきものであり、憲法ないし一般に法の領域においては把握されえないというのが、この問題を法学者たちが自分たちに本来的な職務として引き受けようとしない最大の言い分をなしている。

しかしながら、もしそうであるとすれば、それらの例外的手続きは法の地平では把握されることのできない法的手続きという逆説的な状況のうちにあることになり、例外状態というのは法律的形態をとることのできないものが法律的形態をとって現れたものであるということになってしまうのではないか、とアガンベンは疑問を呈する。そのうえで、さらにはこうも問い返す。例外状態というのは、たしかに法律が部分的ないしは全面的に一時停止した状態のことであろう。が、このことはただちに法の撤廃を意味するものではないのではないか。むしろ、一部の法学者の言うように、それは政治的なものと法的なものとが未分化のままに交叉する両義的な縁《へり》あるいは〈閾〉に位置しているとみるほうが当たっているのではないか。そして、もし例外というのが、法が生に関連させられ、自らの一時停止をつうじて生を自らのうちに包摂しようとする独自の装置であるとするならば、例外状態についての理論は、生きているものを法に結びつけると同時に見捨ててしまうような関係、すなわち、《ホモ・サケル》シリーズにおいて問題中の問題として考察全体の中心に設定されてきた生政治的な関係を定義するための前提条件となるのではないか、と。

こうしてアガンベンは、公法と政治的事実のあいだ、また法秩序と生とのあいだに横たわる、この「無主の地」の探索におもむこうとするのである。アガンベンが期待をこめて語っているところによれば、「おそらくはそのとき初めて、西洋政治史において鳴りつづけることをやめないでいる問い、すなわち政治的に行為するとは何を意味するのかという問いに答えることが可能となるだろう」というのであった。

大略以上のような問題設定のもと、まず第1章「統治のパラダイムとしての例外状態」では、二〇〇一年の九月一一日事件のあと、「テロリズムにたいする戦争」を名目にしてアフガニスタンへ侵攻してきたアメリカ合州国軍によって捕らえられ、グアンタナモ基地に収監されたタリバーンの兵士たちへの処遇を引き合いに出しながら、現代世界はいまや「世界的内戦」の状態にあるとの指摘がなされたうえで、そこにおいては例外状態こそが規則ないしは通常の状態と化し「統治のパラダイム」になってしまっていることが確認されている。

また、例外状態のこのような「統治のパラダイム」化という事態は、二度の世界大戦のあいだにもろもろの例外的措置が講じられるなかで、三権分立を原則とするいわゆる民主主義諸国においても進行することとなった執行権力の漸進的な拡大の結果生じたものであることに注意喚起がなされている。そして、そのような執行権力の漸進的な拡大は不可避的に全体主義体制へと導いていくことにならざるをえないことが、スウェーデンの法学者ヘルベルト・ティングステンの『全権——大戦中と戦後の統治権限の拡大』(一九三四年)からカール・J・フリードリヒの『立憲政府と民主主義』(一九四一年)をへてクリントン・L・ロシターの『立憲独裁——現代民主主義諸国における危機統治』(一九四八年)にいたるまでの「立憲独裁」をめぐる議論の検討をとおして明らかにされている。

いかにもベンヤミンの徒にふさわしく、論述のスタイルはソナタ形式の秩序立った論証というよりも断片的なアフォリズムの累積に近い。しかしまた、考察はひとつひとつが教示に富んでいて、読者を深い思索へといざなう。たとえば一九〇九年の騒乱にさいして戒厳令が布告されたときには「必要は法律をもたない」という原則を既存の法秩序の擁護のために持ち出していたイタリアの法学者サンティ・ロマーノが、一九四四年に新憲法の創設が課題として浮上してきたさいには、同じ原則を革命の正当化のために利用するにいたっているという指摘なども、そのひとつである。アガンベンも示唆しているように、この事例がわたしたちに物語っているのは、戦争と内乱、そして革命と反革命の激動の世紀を生き延びたひとりの法学者のたんなる日和見主義的な「変節」のたぐいではない。そうではなくて、例外状態というものが本質上「事実（factum）と法＝権利（ius）が互いのうちへと消え去ってしまうような決定不能性の閾」にほかならないということ、この事実をこそロマーノの事例は物語っているのである。

つぎに、第2章「~~法律~~-の-力」は例外状態をめぐる現代の議論の基礎を据えたと目されるシュミットの学説を『独裁』（一九二一年）と『政治神学』（一九二二年）の二著に焦点をしぼって陳述したものであるが、そこでは、これら二著のあいだの問題意識の異同についてのそれ自体なかなか鋭利な分析もさることながら、ジャック・デリダの一九八九年の講演「法律の力——権威の神秘的基礎」に言及しつつ、そもそも「法律の力」とはなにを意味するのかとみずから問うて、その語句は、近代の学説においても古代の学説においても、法律自体ではなくて、危急の場合に執行権力が布告することを認可されている、法律の力をもった一連の政令を指して言われていることに注意が喚起されているのが目を引く。アガンベンの理解によれば、例外状態というのは、このような「法律なき法律-の-力」あるいは「法律-の-力」が賭け金となっているようなアノミー的空間のことにほかならないのであった。そして、このことはとりもなおさず、ある規範を適用するためにはその適用を停止し、ひとつの例外を創り出す必要があるということを意味しているというのである。これもまた、わたしたちを深い思索へといざなってやまない指摘である。

なお、第3章では、例外状態についての近代の理論が直面しているアポリアを解きほぐすための糸口を古代人の知恵に求めて、ローマ法においてユースティティウム（iustitium）と呼ばれていた「法の停止」制度への系譜学的な調査がくわだてられている。そして、そこから例外状態一般についての本書一〇二―四ページに列挙されているような帰結が引き出されている。同様の手続きは第5章「祝祭・服喪・アノミー」と第6章「権威と権限」においてもとられているが、このような古代ローマ法の世界への折りあるごとの参照も注目されるところであろう。とりわけ、他にほとんど依拠すべき先行研究がないなかでアドルフ・ニセンという一九世紀の法学者の研究を手がかりにしつつなされているユースティティウムについての分析は、ローマにおける「支配の奥義」（arcanum imperii）がいかに巧みなものであったかをわたしたちに再確認させてくれる。

しかしながら、圧巻はなんといってもシュミットとベンヤミンの関係について論じた第4章「空白をめぐる巨人族の戦い」である。

両者の関係については、ナチスの独裁体制に理論的基礎を提供したということですこぶる評判の悪いシュミットの主権論にベンヤミンがことのほか熱い興味を示したということが従来しばしばスキャンダルの的となってきた。これにたいして、アガンベンはスキャンダルを反転させ、シュミットの『政治神学』における主権論はベンヤミンが一九二一年に公表した論考「暴力批判論」への応答として読まれうることを論証しようとする。すなわち、もう少し具体的にいえば、ベンヤミンが「暴力批判論」において法措定的暴力と法維持的暴力に先立って純粋でアノミー的な神的暴力ないしは革命的暴力が存在することを主張したのにたいして、シュミットのほうではそのような純粋暴力を法的コンテクストのうちに引き戻す目的で例外にかんして決定する者としての主権者という概念を持ち出してきたということを論証しようとするのだが、その論証には反論にも十分に耐えうるだけの説得性があると言ってよい。

一方、ベンヤミンへのシュミット主権論の影響という点にかんしても、『ドイツ悲劇の根源』(一九二八年)のなかでバロック的主権について論じたさい、ベンヤミンがシュミットの主権者規定に修正をほどこして、例外にかんして決定するのではなくて、「例外を排除する」という機能を君主にあてがっていることにアガンベンが注意をうながしているのが目を引く。この文献学的事実を指摘するにあたって、アガンベンはベンヤミンとシュミットの関係について論じたサム・ウェーバーの論考「決定に異議を唱える」(一九九二年)を参照しているのだが、「決定する」を「排除する」に取って代えるというのは、たしかにアガンベンの言うとおり、シュミットの定義を継承するふりをしながらそれをこっそりと変質させてしまうに等しい所作と言わざるをえないだろう。アガンベンが的確にも指摘しているように、「シュミットにとっては決定が主権と例外状態を結合させる連関であるとするならば、ベンヤミンのほうは主権的権力をその執行からアイロニカルに切り離し、バロックの主権者は憲法上決定不可能性のうちにあるということを証明しようとする」のである。そして、その先に展望されているものはなにかといえば、それはカタストロフィーでしかない。そこでは、「例外状態はもはや、その停止状態のうちにあって効力を発揮する法律の力によって内部と外部、アノミーと法的コンテクストとのあいだの節合を保証する閾としては立ち現れない」。そこに現出するのはむしろ、「被造物の領域と法秩序とが同じひとつの破滅のなかに巻きこまれるような、アノミーとも法とも絶対的に決定しがたいひとつの地帯」なのである。

ちなみにアガンベンは、ベンヤミンの「暴力批判論」において純粋暴力によってなされていた法措定的ならびに法維持的暴力の仮面剝奪には、同じくベンヤミンのフランツ・カフカ論(一九三四年)における「もはや実地には用いられず、もっぱら勉学されるだけの法こそは、正義の門である」という主張が対応していると指摘している。そして、そのような「もはや実地には用いられず、もっぱら勉学されるだけの法」の勉学に没頭して、法を不活発化し無活動の状態に追いやってしまおうとするカフカの小説「新しい弁護士」の主人公の「勉学的遊戯」の行き方にベンヤミンともども心からの共感を寄せつつ、記している。「いつの日か、人類は法でもって戯れるときがくるだろう。それはちょうど子供たちががらくたを使って遊ぶのに似ている。それも、それらをそれぞれの規範的な使い方に戻すためではなく、そうした使い方から最終的に解放するためにである」と。同じ解釈は二〇〇五年に出版された『瀆神』*Profanazioni*（上村忠男・堤康徳訳、月曜社、二〇〇五年）に収録されている「瀆神礼賛」という短いエッセイのなかでも提示されているが、ここからは、メシア到来ののちに到来すると予想される「来たるべき共同体」のイメージがたしかに浮かび上がってはこないだろうか。

＊

翻訳にあたっては、イタリア語版 *Stato di eccezione*（Torino, Bollati Boringhieri, 2003）を底本とし、フランス語版 *État d'exception*. Traduit par Joël Gayraud（Paris, Éditions du Seuil, 2003）と英語版 *State of Exception*. Translated by Kevin Attell（Chicago and London, The University of Chicago

Press, 2005）を参照した。翻訳の作業は、中村勝己が第一稿を作成し、それに上村忠男が手を入れるという段取りで進めた。〔 〕の部分は、訳者による補足、［ ］は著者による補足である。また、＊は訳者による註である。

なお、イタリア語版にはなく、フランス語版で追加された部分が一ヶ所ある。シュミットが『独裁』のなかで、自らを憲法へと構成する権力と憲法へと構成された権力との対置をスピノザ的な産出する自然（natura naturans）と産出された自然（natura naturata）との対置になぞらえているのに、アガンベンの側から批判的な註釈をほどこした2－1の第二番目のℵの部分がそれである。内容上重要であると判断したので、この部分も訳出しておいた。

最後ながら、本書の編集を担当してくださった未來社編集部の中村大吾さんに感謝する。同社社長の西谷能英さんのお手も煩わせた。あわせて感謝する。

［参考文献］

Arangio-Ruiz, G. 1972. *Istituzioni di diritto costituzionale italiano*, Milano, Bocca（1ª ed. 1913）.

Arendt, H. 1961. *Between Past and Future*, New York, Viking.『過去と未来の間』引田隆也・齋藤純一訳（みすず書房）

Balladore-Pallieri, G. 1970. *Diritto costituzionale*, Milano, Giuffrè.

Bengel, J. A. 1734. *Vorrede zur Handausgabe des griechischen Neuen Testaments*.

Benjamin, W. 1921. *Zur Kritik der Gewalt*, in Id., *Gesammelte Schriften*, Frankfurt a. M., Suhrkamp, 1972-1989, vol. 2. 1.「暴力批判論」『暴力批判論 他十篇』野村修編訳（岩波文庫）;「暴力批判論」『ドイツ悲劇の根源（下）』浅井健二郎訳（ちくま学芸文庫）

―――. 1928. *Ursprung des deutschen Trauerspiel*, *ibid.*, vol. 1. 1（et vol. 1. 3）.『ドイツ悲劇の根源』浅井健二郎訳（ちくま学芸文庫）

―――. 1931. *Karl Kraus*, *ibid.*, vol. 2. 1.「カール・クラウス」『ベンヤミン・コレクション 2』浅井健二郎編訳・三宅晶子・久保哲司・内村博信・西村龍一訳（ちくま学芸文庫）

―――. 1934. *Franz Kafka*, *ibid.*, vol. 2. 2.「フランツ・カフカ」『ベンヤミン・コレクション 2』（同上）

―――. 1942. *Über den Begriff der Geschichte*, *ibid.*, vol. 1. 2.「歴史の概念について」『ベンヤミン・コレクション 1』浅井健二郎編訳・久保哲司訳（ちくま学芸文庫）

―――. 1966. *Briefe*, Frankfurt a. M., Suhrkamp, 2 voll.「書簡 II 1929-1940」野村修編集解説『ヴァルター・ベンヤミン著作集 15』（晶文社）

―――. 1992. *Notizien zu einer Arbeit Über die Kategorie der Gerechtigkeit*, in "Frankfurter Adorno Blätter", 4.

Benveniste, E. 1969. *Le Vocabulaire des institutions indo-européennes*, Paris, Minuit, 2 voll.『インド＝ヨーロッパ諸制度語彙集』前田耕作監修、蔵持不三也・田口良司・渋谷利雄・鶴岡真弓・檜枝陽一郎・中村

忠男・松枝到訳、安永寿延解説（言叢社）
Biscardi, A. 1987. *Auctoritas patrum : problemi di storia del diritto pubblico romano*, Napoli, Jovene.
Bredekamp, H. 1998. *Von W. Benjamin zu C. Schmitt*, in "Deutsche Zeitschrift für Philosophie", 46.
Delatte, A. 1922. *Essai sur la politique pythagoricienne*, Paris, Liège.
Delatte, L. 1942. *Les Traités de la royauté d'Ecphante, Diotogène et Sthénidas*, Paris, Droz.
De Martino, F. 1973. *Storia della costituzione romana*, Napoli, Jovene.
Derrida, J. 1994. *Force de loi*, Paris, Galilée.『法の力』堅田研一訳（法政大学出版局）
Drobisch, K. et Wieland, G. 1993. *System der NS-Konzentrationslager 1933-1939*, Berlin, Akademie.
Duguit, L. 1930. *Traité de Droit constitutionnel*, vol. 3, Paris, de Boccard.
Durkheim, E. 1897. *Le Suicide. Étude de sociologie*, Paris, Alcan.『自殺論』宮島喬訳（中公文庫）
Ehrenberg, V. 1924. *Monumentum Antiochenum*, in "Klio", 19, pp. 200 ff.
Fontana, A. 1999. *Du droit de résistance au devoir d'insurrection*, in J.-C. Zancarini (ed.), *Le Droit de résistance*, Paris, ENS.
Fraschetti, A. 1990. *Roma e il principe*, Bari-Roma, Laterza.
Fresa, C. 1981. *Provvisorietà con forza di legge e gestione degli stati di crisi*, Padova, CEDAM.
Friedrich, C. J. 1941. *Constitutional Government and Democracy*, Boston, Ginnand (2nd ed. revised, 1950).
Fueyo, J. 1968. *Die Idee des "auctoritas" : Genesis und Entwicklung*, in H. Barion (ed.), *Epirrhosis. Festgabe für Carl Schmitt*, Berlin, Duncker & Humblot.
Gadamer, H.-G. 1960. *Wahrheit und Methode*, Tübingen, Mohr.『真理と方法 (I)』轡田収・麻生健・三島憲一・北川東子・我田広之・大石紀一郎訳（法政大学出版局）
Hatschek, J. 1923. *Deutsches und Preussisches Staatrecht*, Berlin, Stilke.
Heinze, R. 1925. *Auctoritas*, in "Hermes", 60, pp. 348 ff.

Kohler, J. 1915. *Not kennt kein Gebot*, Berlin-Leipzig, Rothschild.

Magdelain, A. 1947. *Auctoritas principis*, Paris, Belles Lettres.

———. 1990. *Ius Imperium Auctoritas. Études de droit romain*, Roma, École française de Rome.

Mathiot, A. 1956. *La théorie des circonstances exceptionnelles*, in *Mélanges Mestre*, Paris.

Meuli, K. 1975. *Gesammelte Schriften*, 2 voll, Basel-Stuttgart, Schwabe.

Middel, A. 1887. *De iustitio deque aliis quibusdam iuris publici romani notionibus*, Mindae.

Mommsen, T. 1969. *Römisches Staatsrecht*, 3 voll, Graz, Akademische Druck（1. Aufl., Berlin 1871）.

Nissen, A. 1877. *Das Iustitium. Eine Studie aus der römischen Rechtsgeschichte*, Leipzig, Gebhardt.

Noailles, P. 1948. *Fas et Ius. Études de droit romain*, Paris, Belles Lettres.

Plaumann, G. 1913. *Das sogennante Senatus consultum ultimum, die Quasidiktatur der späteren römischen Republik*, in "Klio", 13.

Quadri, G. 1979. *La forza di legge*, Milano, Giuffrè.

Reinach, T. 1885. *De l'état de siège. Étude historique et juridique*, Paris, Pichon.

Romano, S. 1909. *Sui decreti-legge e lo stato di assedio in occasione dei terremoti di Messina e Reggio Calabria*, in "Rivista di diritto pubblico"（Id., *Scritti minori*, vol. 1, Milano, Giuffrè, 1990）.

———. 1983. *Frammenti di un dizionario giuridico*, Milano, Giuffrè（1[a] ed. 1947）.

Roosevelt, F. D. 1938. *The Public Papers and Addresses*, vol. 2, New York, Random House.

Rossiter, C. L. 1948. *Constitutional Dictatorship. Crisis Government in the Modern Democracies*, New York, Harcourt Brace.『立憲独裁』庄子圭吾訳（未知谷）

Saint-Bonnet, F. 2001. *L'État d'exception*, Paris, PUF.

Schmitt, C. 1921. *Die Diktatur*, München-Leipzig, Duncker & Humblot.『独裁』田中浩・原田武雄訳（未來社）

———. 1922. *Politische Theologie*, München-Leipzig, Duncker & Humblot. 『政治神学』田中浩・原田武雄訳（未來社）

———. 1928. *Verfassungslehre*, München-Leipzig, Duncker & Humblot. 『憲法論』阿部照哉・村上義弘訳（みすず書房）

———. 1931. *Der Hüter der Verfassung*, Tübingen, Mohr. 『憲法の番人』川北洋太郎訳（第一法規）

———. 1995. *Staat Großraum Nomos*, Berlin, Duncker & Humblot. 「ライヒ大統領とヴァイマール憲法」『カール・シュミット時事論文集』古賀敬太・佐野誠編（風行社）所収

Schnur, R. 1983. *Revolution und Weltbürgerkrieg*, Berlin, Duncker & Humblot.

Schütz, A. 1995. *L'immaculée conception de l'interprète et l'emergence du système juridique : à propos de fiction et construction en droit*, in "Droits", 21.

Seston, W. 1962. *Les chevaliers romains et le iustitium de Germanicus*, in "Revue historique du droit français et étranger" (Id., *Scripta varia*, Roma, École française de Rome, 1980).

Smend, R. 1954. *Integrationslehre*, in *Handwörterbuch der Sozialwissenschaften.*

Taubes, J. 1987. *Ad Carl Schmitt. Gegenstrebige Fügung*, Berlin, Merve.

Tingsten, H. 1934. *Les Pleins pouvoir. L'expansion de pouvoirs gouvernementaux pendant et après la Grande Guerre*, Paris, Stock.

Versnel, H. S. 1980. *Destruction, devotion and despair in a situation of anomy : the mourning of Germanicus in triple perspective*, in *Perennitas. Studi in onore di Angelo Brelich*, Roma, Edizioni dell'Ateneo.

Viesel, H. 1988. *Jawhol, Herr Schmitt. Zehn Briefe aus Plettenberg*, Berlin, Support.

Wagenvoort, H. 1947. *Roman Dynamism*, Oxford, Blackwell.

Watkins, F. M. 1940. *The Problem of Constitutional Dictatorship*, in "Public Policy".

Weber, S. 1992. *Taking exception to dicision. W. Benjamin and C. Schmitt*, in U. Steiner (ed.), *Walter Benjamin*, Bern, Lang.

Wenger, S. 1937-39. *Römisches Recht in Amerika*, in *Studi in onore di Enrico Besta*, Milano, Giuffrè.

［訳者略歴］

上村忠男（うえむらただお）
1941年生まれ。東京外国語大学名誉教授。学問論・思想史専攻。
著書——『ヴィーコの懐疑』（みすず書房、1988）、『歴史家と母たち——カルロ・ギンズブルグ論』（未來社、1994）、『ヘテロトピアの思考』（未來社、1996）、『バロック人ヴィーコ』（みすず書房、1998）、『歴史的理性の批判のために』（岩波書店、2002）、『超越と横断——言説のヘテロトピアへ』（未來社、2002）、『グラムシ　獄舎の思想』（青土社、2005）、『韓国の若い友への手紙』（岩波書店、2006）、『無調のアンサンブル』（未來社、2007）、『現代イタリアの思想をよむ——［増補新版］クリオの手鏡』（平凡社、2009）、『ヴィーコ——学問の起源へ』（中央公論新社、2009）、『知の棘——歴史が書きかえられる時』（岩波書店、2010）、『カルロ・レーヴィ『キリストはエボリで止まってしまった』を読む——ファシズム期イタリア南部農村の生活』（平凡社、2010）、『ヘテロトピア通信』（みすず書房、2012）、『回想の1960年代』（ぷねうま舎、2015）、『ヴィーコ論集成』（みすず書房、2017）、『ヘテロトピアからのまなざし』（未來社、2018）、『アガンベン《ホモ・サケル》の思想』（講談社、2020）ほか。
訳書——G・アガンベン『アウシュヴィッツの残りのもの』（共訳、月曜社、2001）、同『残りの時』（岩波書店、2005）、同『瀆神』（共訳、月曜社、2005）、同『幼児期と歴史』（岩波書店、2007）、同『言葉と死』（筑摩書房、2009）、同『到来する共同体』（月曜社、2012）、『いと高き貧しさ』（共訳、みすず書房、2014）、同『身体の使用』（みすず書房、2016）ほか、ヴィーコ、クローチェ、グラムシ、パーチ、ヴァッティモ、エーコ、ギンズブルグ、ネグリ、カッチャーリ、スピヴァクの著書など多数。

中村勝己（なかむらかつみ）
1963年生まれ。政治学博士。イタリア政治思想史専攻。
論文——「ヘゲモニーの系譜学——グラムシと現代政治思想」杉田敦編『講座政治哲学　第4巻　国家と社会』（岩波書店、2014）所収、「70年代イタリアにおける後期マルクス主義の成立 Ver.2」『情況』（第4期 2012、9月・10月合併号）、「第10章　鉛の時代から消費社会へ」北村暁夫・伊藤武共編『近代イタリアの歴史』（ミネルヴァ書房、2012）所収、「1930年代イタリアにおけるヘーゲル「法」哲学の再審——ジェンティーレとソラーリを中心に——」『ヘーゲル哲学研究』vol.13（日本ヘーゲル学会編、2007）ほか。
訳書——G・ジェンティーレ「史的唯物論の一批判」「実践の哲学」上村忠男監修・イタリア思想史の会編訳『イタリア版「マルクス主義の危機」論争』（未來社、2013）所収、A・ネグリ『戦略の工場』（共訳、作品社、2011）、A・ネグリ『アントニオ・ネグリ講演集　上下』（共訳、ちくま学芸文庫、2007）、N・ボッビオ『光はトリノより——イタリア現代精神史』（青土社、2003）ほか。

例外状態

2007年10月 1 日　初版第1刷発行
2020年 7 月30日　　　第4刷発行

著者　ジョルジョ・アガンベン

訳者　上村忠男・中村勝己

発行者　西谷能英

発行所　株式会社未來社
〒156-0055 東京都世田谷区船橋 1-18-9
振替 00170-3-87385　電話 03-6432-6281（代表）
http://www.miraisha.co.jp/　info@miraisha.co.jp

印刷・製本　萩原印刷

定価　本体 2000 円＋税

ISBN978-4-624-01175-8 C0010

カール・シュミット著作

政治神学
田中浩・原田武雄訳

「主権者とは、例外状況にかんして決定をくだす者をいう」。国家と法と主権の問題を踏査するコアな思考の展開。カール・レヴィットによる決定的なシュミット批判なども併録。　一八〇〇円

独裁
田中浩・原田武雄訳

［**近代主権論の起源からプロレタリア階級闘争まで**］ローマ共和国からロシア革命に至るまでの歴史から独裁概念を厳密に規定する、ナチズム政権登場を準備した究極の独裁論。　二八〇〇円

大統領の独裁
田中浩・原田武雄訳

［**付＝憲法の番人（一九二九年版）**］H・ヘラーに大統領独裁への道を掃き清めたと指弾されたシュミットの問題の書。ナチズム研究に不可欠な二論文に、訳者の研究解説を付す。　一八〇〇円

政治的なものの概念
田中浩・原田武雄訳

「政治の本質は、友と敵の区別にある」。政治的なものの根拠を求めるシュミットの原理的思考の到達点「友・敵理論」は政治理論でありそして戦争論でもある。必携の基本文献。　一三〇〇円

合法性と正当性
田中浩・原田武雄訳

［**付＝中性化と非政治化の時代**］ヒトラー登場の露払いとしての思想的役割をはたした有名論文。ワイマール民主制への強引な批判は公法学者シュミットの面目躍如たるものがある。　一八〇〇円

政治的ロマン主義
橋川文三訳

第一次大戦直後の一九一九年に刊行された初版の完訳。ドイツ・ロマン派の徹底批判の書であるのみならず、ヨーロッパ精神史の一断面を鮮明に切りとった、洞察に満ちた文献。　二〇〇〇円

（消費税別）